熊本怪談

久田樹生

竹書房
怪談
文庫

目次

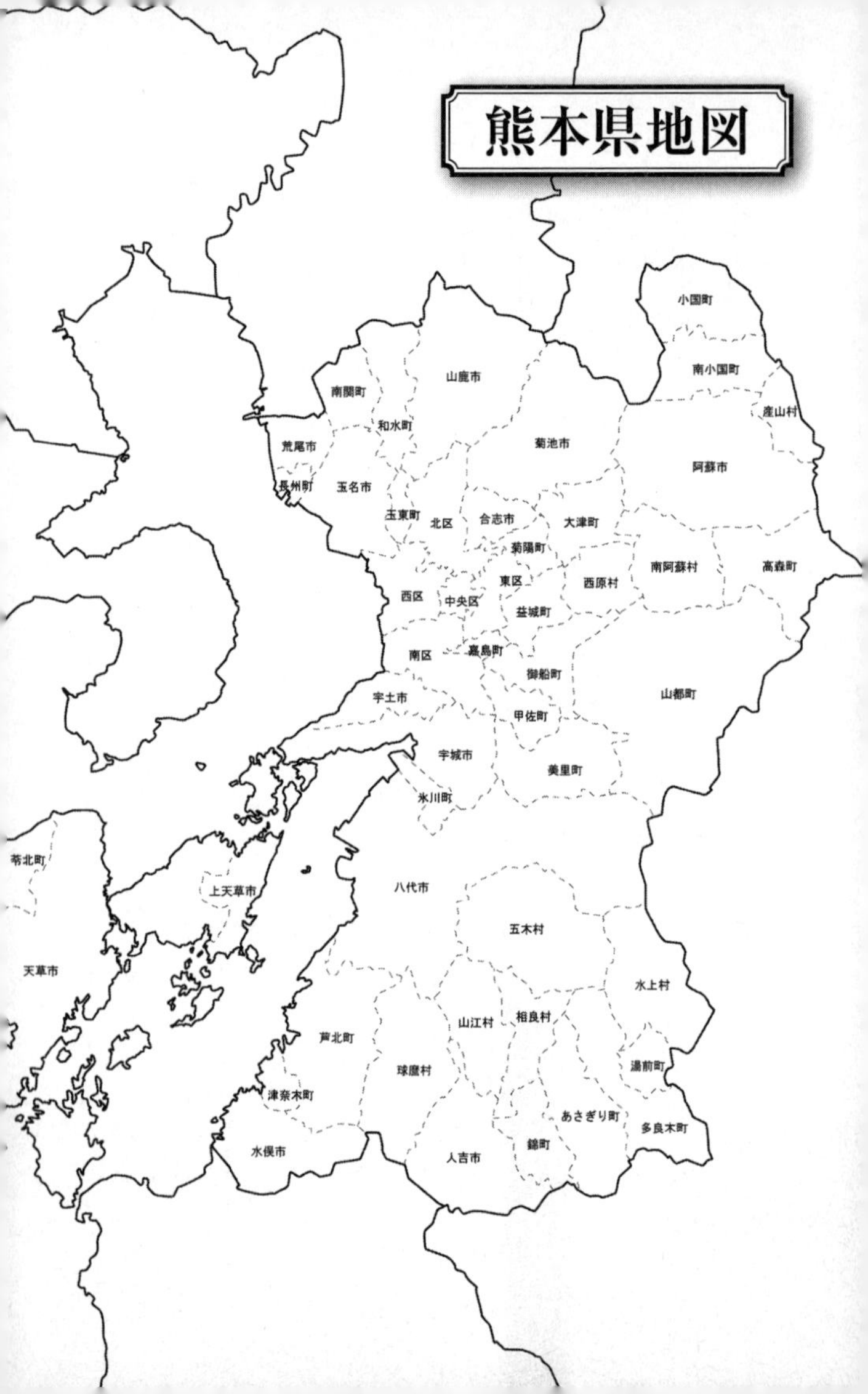
熊本県地図
小国町
南小国町
産山村
阿蘇市
山鹿市
南関町
和水町
菊池市
荒尾市
長州町
玉名市
玉東町
北区
合志市
大津町
菊陽町
南阿蘇村
高森町
西区
中央区
東区
西原村
益城町
南区
嘉島町
御船町
山都町
宇土市
甲佐町
宇城市
美里町
氷川町
苓北町
上天草市
八代市
五木村
天草市
水上村
山江村
相良村
芦北町
湯前町
球磨村
津奈木町
あさぎり町
多良木町
錦町
水俣市
人吉市

原点に還り、再び蘇る地

阿蘇エリア

阿蘇山――阿蘇五岳、外輪山、
火口原全てを指してこう呼ぶ。
火ノ国・熊本を象徴する活火山である。
その姿は荒々しく、そして美しい。

阿蘇大橋（南阿蘇村）

阿蘇。

語源はアイヌ語の「アソオマイ（火を吹く山）」と言われる。

また阿蘇の阿は原点へ還る、蘇は再生や復活の意味があるという。

日本書紀の景行天皇の時代には、阿蘇都《あそつ》彦命《ひこのみこと》（阿蘇津彦。神武天皇の孫、健磐龍命《たけいわたつのみこと》であり阿蘇神社一の神殿・一宮。阿蘇十二明神）・阿蘇津姫《あそつひめ》（阿蘇都比咩命。阿蘇神社二の神殿、二宮。阿蘇都彦命の后。阿蘇十二明神）、二柱の神々の名で阿蘇の文字が記されている。

しかし本当にアイヌ語から阿蘇の名が取られたのだろうか。

そもそも、阿蘇はアズが語源という話もある。崩れた崖・崩崖。アズ、だ。

実際に阿蘇外輪山を遠く望むと、その意味が伝わってくる。

このアズが変化してアゾ、アソとなり、そこへ阿蘇の文字が当てられたのだろうと推測する。もちろん肥後国風土記や平安時代中期の辞書・和名類聚抄《わみょうるいじゅしょう》では別の文字になっている。だが、やはり〈阿蘇〉表記が意味することに惹かれることも確かだ。

この阿蘇地域、阿蘇山南に位置する南阿蘇村に〈阿蘇大橋〉という橋が架かっていた。

橋長二〇五・九六メートル幅八メートル、谷底から七六メートル。大きな橋だ。

この阿蘇大橋は別名を赤橋といい、自殺の名所、そして心霊スポットとして有名だった。

スポット探訪を目的として、県内外から足を運ぶ者も多かったようだ。

元々は赤く塗られていたのだが、あまりに自殺者が出るので〈人間の心理を鑑みて、別の色へ塗り替え〉られた。だが、それ以後も自殺は頻発し、赤橋の名は人々の間に残った。

この橋のたもとには「まてまて地蔵」という地蔵尊も建立されている。自殺を待て、ということだろう。更に簡単に乗り越えられないような高いフェンスや防犯カメラも設置され、自殺者を出さないように努力が重ねられていた。

だが、それでも自殺者は引きも切らなかった。

現地を調べた際もその痕跡が大量に残されていたことを覚えている。

橋の手摺りには様々な手跡や靴の足跡が残っていた。フェンスはニッパーやペンチで切られ、補修した跡すらあった。自殺者たちの執念を感じたのも確かだ。

周辺をチェックしながら橋を往復していると、ふと足下が気になった。

車道からかなり高い位置に歩道が設置されているのだが、その区切りとなる歩道ブロックが所々壊れているのだ。どうも車がぶつかっているらしい。ただ、かなり速度を上げて衝突しなければここまでのダメージは与えられないだろう。

加えて橋は直線であり、余程ハンドル操作を間違わないかぎりぶつからない。

それなのに、どうしてここまで歩道側に——と考えたとき、ある想像が頭を擡《もた》げた。

〈車は何者かによって橋の下へ引かれ、歩道ブロックへぶつかってしまったのではないか〉

同時にレンタカーで橋を渡った際、カーナビがおかしくなったことを思い出す。

車体の現在地を示すアイコンが橋の外を通っているのだ。

何度往復してもアイコンは橋の外を通る。一度少し橋から離れてエンジンを止めた。再び走り出す。カーナビは正常な状態に戻っている。

ナビの不調はまるで〈橋の下へ落ちてこい〉と言わんばかりだ、と思った。


この阿蘇大橋は二〇一六年、熊本地震で破壊された。

県内最大のインフラ被害であったという。この落橋で犠牲者も出ている。

同じ場所に再建は難しく、二〇二一年、六〇〇メートル下流地点に新阿蘇大橋として架け替えられた。

元の阿蘇大橋は橋桁や車道部分を残し、震災遺構として保存されている。

阿蘇大橋（南阿蘇村）

在りし日の阿蘇大橋。「赤橋」と呼ばれていた（著者撮影）

「阿蘇大橋」の橋名板が確認できる（著者撮影）

震災以前の阿蘇大橋で怪異を体験したという話も多い。

真夜中、謎の人影を見た。それも行列を為していた。

暗い時間、車で渡っているとガスが出てきて前方が見えなくなる。低速にして渡りきったが、ふとバックミラーで見るとガスなど一片たりともなかった。

昼間、普通に橋を渡っていると、助手席から大きなため息が聞こえた。車内には自分独りしかいなかった。

夕刻、交通量が多い時間帯に車で渡っていると、三人の歩行者が橋の下をじっと見詰めている。どれも若い男性だった。運転席の夫に「何しているのかな」と訊ねると、彼は「下に何かあるのかな?」と答える。擦れ違うとき、歩行者は二人になっていた。夫も三人いたと認めている。

午後、交通量が少ないときだ。突然止まった前の車から運転手が降りてきて、橋の手摺

阿蘇大橋（南阿蘇村）

阿蘇大橋の袂に佇む「まてまて地蔵」（著者撮影）

りに這い上っていく。まさかと身を固くしていると、突然運転手は車に戻って運転を始めた。

夜、歩道で佇む人を発見し、まさか自殺者かと車を停めると誰も居ない。

遅い時間に車で阿蘇大橋に差し掛かった。右手側にある〈まてまて地蔵〉の前に、誰かがいる。若い女性二人組で、こちらに背中を向けていた。髪型や服装から考えて、OLか大学生くらいだ。片方がやけに背が高かった。背が低い方と頭二つ分は差がある。「身長差が凄い」と助手席の友人と話した。こんな時間にどうしたんだろうね、と言っているときだった。橋の中央辺り、右側の歩道に〈身長差が凄い女性二人組〉がこちらに背を向けて立っていた。まてまて地蔵の所から走ったとしても間に合わない距離だ。そもそも走ってきたのなら、視界に入るはずだ。友人と叫びながら橋を渡りきった。女性二人組がどうなったかは分からない。

また阿蘇大橋付近にあった大学キャンパスでも、いろいろな異変が起こっていたと聞く。

このキャンパスも現在は震災遺構として残されていることを書き添えておこう。

震災前、阿蘇大橋の取材を終えた後だ。会う人会う人に熊本の話をした。

熊本、ひいては阿蘇近辺は水が美味しく、食材も豊富。南阿蘇村にあるパン屋さんがお勧めだが、できれば阿蘇の牛乳と食べて欲しい。もちろん食だけではなく、豊かな自然、歴史や文化面でも見るべきところが沢山ある、だから素晴らしいのですよ、という具合だ。

うち数名は本当に熊本県まで足を運んでくれた。

事前に、阿蘇周辺は道が混むので、ある程度地元の人が使う道を通った方がよい、目的地によっては阿蘇大橋を使うルートもあると伝えておいた。

もの凄く大きな橋があるから、そこを通って下さい、と。

ところが、その熊本へ行った人と別件で話をしているとおかしなことを口にする。

「阿蘇大橋って、話と違って赤いんですね。塗り替えられましたか？」

そんなはずはない。近年、赤くされたことはないはずだ、と返す。

「え？　じゃあ別の橋かな」

しかし話を聞く限り、阿蘇大橋である。ネットで最新の姿を見せて確認すると「本当に赤くない」と驚いている。では見間違えたということにしましょうと話はそこで終わった
――のだが、また別の人と電話で話すことがあった。

『阿蘇大橋って赤いんですね。赤くし直したんですかね』

また同じ事を聞かされる。そんなことはないと否定するのだが、その人も『赤かったですよ』と引かない。こうも同じように「阿蘇大橋は赤い」と言われると気になる。

確認しようとした矢先だった。

二〇一六年、熊本地震で阿蘇大橋は落ちた——。

本書を書く前に、震災遺構となった阿蘇大橋へ足を運んだ。

地震の爪痕が、時を止めたように残っていた。

改めて記そう。

阿蘇。それは、原点へ還り、再び蘇る意味を持つ名である。

廃ホテル（南阿蘇村）

阿蘇エリアには廃ホテルが存在する。卑弥呼の里や阿蘇観光ホテルである。


卑弥呼の里は営業開始前に潰れ、その後廃墟となった。

ホテル部分を含め、複合型リゾート施設として運用する予定であったようだ。

以来、心霊スポットファンや廃墟ファンが足を運んでいる。

ここを訪れた人たちに話を聞くと「前に立つだけで鳥肌が立った」「内部を覗くと何かが動いている気がした」「後ろから呼ばれたので振り返ると誰もいなかった」など、様々な体験を耳にすることができた。中には心霊写真が撮れたなどの報告もある。


そして、もうひとつの阿蘇観光ホテル。

ここは三角の——赤い切妻屋根が特徴の、格式高いホテルだった。

歴史深いこのホテルには、昭和天皇もお泊まりになっている。

その後、一九六四年に火災が起こった。新棟が建築されたものの、時代が変わると共に経営が悪化。二〇〇〇年に閉館したのである。

別棟の二棟は解体されたが、本館は震災後も現存している（ただし、崩落・崩壊の危険が増したので、立ち入り禁止のプリントが貼られた）。

ここも廃ホテル・廃墟にありがちな荒れ方をしている。

壁面にはグラフィティや落書きが並び、窓は全部割られた。内部は床も壁も荒れ果て、破壊の痕跡が多数残されている。また、独自の飾り付けを行う輩も多いらしく、ときどきオブジェ的なものにも出会う。

どれもやってくる者が多い証左だ。

廃ホテルの宿命か、当然の如く心霊スポットと化したが、どうしてそんなことになったのか理由は判然としない。

稲川淳二氏が訪れたことに加え、清水崇監督が「輪廻」の撮影に用いたからとも聞く。これにより〈ここは心霊スポットなのだ〉と万人が認識してしまったのだろうか。

一度有名心霊スポットと化した場所は、何時までも〈そういうこと〉になってしまうのだろう。今も阿蘇観光ホテルは怖い場所として恐れられている。

古沢さんも阿蘇観光ホテルへ訪れたひとりだ。

彼女は友人達に誘われて、熊本市内から車に乗り合わせてやって来た。

真っ暗な中、浮かび上がる廃ホテルのシルエットは、実に圧力があった。

内部に入った途端、正直、二度と来たくないと思ったほどだった。

ある程度見て回った後、帰路に就く。運転席と助手席は友人カップル。後部座席は古沢さんとその友人の女性だった。

左右を木々に挟まれた緩い下りカーブを進んでいると、助手席の友人が大きな声を出す。

明らかな狼狽を見せる彼女に、運転手の彼氏がスピードを緩めながら、どうしたのか、何かあるのか訊ねる。

「あそこ！」

友人は、ヘッドライトに照らされた道のずっと向こうを指差した。

しかし何もない。左側に車が停められそうなスペースはあるくらいだ。

分からないという皆の声に、彼女は焦れた声を上げた。

「人居る！　ボロボロの人！」

若い女性の後ろ姿だ。フレアスカートだが、一部破れている上、泥だらけになっている。

足下は裸足で、何も履いていない。肩までの明るい色の髪も乱れている――らしい。

しかし誰もそれを目にすることができない。

彼氏が車を一時停止した。その瞬間、助手席の友人はドアを開ける。

「助けないと！」駆け出す彼女の後を古沢さんは追いかけたが、やけに足が速い。どんどん引き離される。やっと捕まえることができたが、その顔には疑問符が浮かんでいた。

「……いなくなっちゃった」

脇の方へ飛び込んだのではないかと、友人は藪の中へ踏み込もうとする。

誰も居なかった、そこへ入った人も居なかったと古沢さんが強く言った途端、ああ、と友人は声を出す。ノロノロ車まで戻った後、彼女は皆に謝った。

「私が見間違えたけん。ごめん」

その場はそれで終わったが、やはり全員の中にしこりのようなものが残った。


後日、助手席に座っていた友人から、あの時見た女性についての印象を聞かされた。

「なんか、誰かに襲われた後みたいな……もう見ているだけで痛々しい姿だった」

だから助けたかった。しかし外に出て走っている最中、その姿を見失ってしまった。

女性が立っていたとおぼしき地点に着いた後、古沢さんに諭され、そこで初めて自分がとんでもないものを見ていたのだと自覚できた、だから謝ったのだと説明された。

その後、助手席の友人は彼氏と別れた。
原因についてはあまり触れたくない部類のものだった。
そして彼女は現在関東で暮らしている、はずだ。
年に数度あった連絡も途絶え、遂にはメールも電話も通じなくなった。
世界的疫病の後、今、友人がどんな生活をしているのか、古沢さんには分からない。

跡地（阿蘇市）

阿蘇市の土地を某宗教団体が取得する出来事が起こった。

あの大事件を引き起こした宗教団体の仕業だった。一九九〇年のことだ。

基本的に、新宗教は聖地を求める。

団体の箔付けとバックボーンへ利用するためだ。ただし、阿蘇市の土地を買った宗教団体はそれだけが目的ではなかったのだが。

最終的に宗教団体から買い戻すことになるのだが、数千万で買われた土地を九億以上払うことになってしまった。

現在も宗教団体の痕跡は石碑や赤錆びた門扉として残っている。

当然興味本位で突撃する輩《やから》は多いようである。

荒木さんは友人・谷からこんな話を聞いた。

谷は例の宗教団体の跡地へ会社の先輩と二人で行ってきたらしい。つい先日のことだった。

先輩は二十九歳で、自分たちより二つ上である。

跡地への道を車で進んだが、途中で歩きに切り替えた。道幅が狭くなってUターンができなくなると困るからだ。

晩秋の午後で風が冷たい時期だった。日の傾きは早い。

途中にペットボトルや食べ物の容器、煙草の空き箱などが点々と落ちている。ここへ来た誰かが棄てていったのだろうと話し合いながら進んだ。

倒れた白い杭や建材の残骸などを目にしながら進むと、道が開ける。

更に前進した先に、件の門扉があった。

パイプフェンスタイプと言えばいいだろうか。扉そのものは傾いているが、今もきちんと立っている。

拠点入り口近くと言われる場所に石碑があるが、倒されている。誰がやったのか分からない。表面には宗教団体の名が刻まれていた。

門の向こうへ行こうと先輩が誘うが、何となく立ち入りたくない。何かを感じているのではなく、他人が所有する土地に入ってはならないと思ったからに過ぎなかった。正直に伝えると、日が暮れてから忍び込もうと先輩は提案してきた。暗くなったら誰にもバレずに侵入できるだろうという魂胆のようだった。逆らうと後が面倒なので従った。

寒いので一度車に戻った。車内で簡単な決めごとを設定していく。

懐中電灯がないので、スマートフォンのライトを二人とも点ける。警察に見つかった、或いは後から呼び出しがあった場合を考えて、証拠になるようなものは持ってこない、内部の画像を残さない、等確認した。

そのうち日が暮れたので外に出る。残照のお陰かまだ辛うじて周囲が見えた。が、すぐにそれも終わる。

スマートフォンのライトを点け、歩き始めた。

問題の門扉の前までやってくる。先輩が先行して門の向こうへ入った。後を追う。スマートフォンの光は、どうにも頼りなく心細い。

少し先へ進んだときだった。

突然、唸るような野太い男の声が聞こえた。

不意を突かれたせいで、飛び上がらんほどに驚いた。先輩と声の方へ光を当てる。

暗がりに、青いジャンパーを着た中年男性が立っていた。

どことなく薄汚く、見窄らしい姿だ。下半身は白いズボンに白い長靴だった。

男は大きく口を開けて、声を上げる。さっきの野太い声だった。

うおーん、と言っているのだろうか。鼻に掛かったような、独特の発音だ。威嚇のようにも感じ取れる。

しどろもどろになりながら先輩がスンマセン、スンマセンと繰り返す。

男は「うおーん、うおーん」と繰り返しながらじっとこちらを見ていた。

先輩が門の方へ歩き出す。逃げるようだ。確かにそれが得策だと、二人は早足でその場を後にした。

やっとのことで門の向こうへ出て、車を目指す。停車しておいた車体が見えてきたとき、同時にスマートフォンのライトが消えた。

画面も点かない。電池切れだった。

覚束ない足下のままやっとのことで車に飛び乗り、逃げ出した。後ろからあの男が追ってきていそうで落ち着かなかった。

大きめの道路に出たとき、先輩がこんなことを訊ねる。

「あの親父の後ろにさ」


——女と子供がいただろ。


あれ、アイツの嫁さんとガキかな？　と先輩が訊いてくる。

女と子供？　そんなものは見ていない。嘘だ、と谷は答えた。

「嘘だろ、アレ、見えてなかったのかよ」

中年男性から少し離れた後方に、青いジャンパーを着た女と子供が揃って立っていたと、先輩が言う。女性は長い黒髪で、下半身は幅広のズボン。子供は伸び始めた坊主頭、下は半パンで、見た目で言えば小学生低学年くらいらしい。

二人は両手で顔を覆い隠していた。

中年男と同じく、何となく汚らしく、見窄らしい雰囲気を纏っていたという。

一切見ていないと伝えると、先輩はマジかと騒いだ。

「お前が見落としただけだろうけどな」

そうかもしれないですねと、谷は返すしかなかった。


あそこには二度と行かない、そう谷は言う。

「先輩も二度と行きたくねぇから、行かんごっしようと決めた」

それがよいだろうと荒木さんが同意すると、谷はあの話題を蒸し返す。

「あんオヤジ以外、女と子供はやっぱりおらんやったと、俺は思う」


跡地にいた中年男性と、先輩が見た女性と子供の正体は未だ不明である。

阿蘇と高千穂　二振りの蛍丸

熊本県阿蘇市周辺は、名刹や神社が多い。

その中のひとつに、阿蘇神社が存在する。

阿蘇神社は熊本地震で楼門が倒壊したが、現在はほぼ復旧している（前震では無事だったが、本震で倒壊した。前震では大丈夫だったが、本震で被害に遭った神社は多いという）。

この阿蘇神社の大宮司が代々受け継いできた大太刀があった。

名を「蛍丸」と言う。なぜ蛍丸の名がついたのか。二つの説がある。

〈南北朝時代、南朝側の武将・阿蘇惟澄が多々良浜の戦いにこの太刀を佩き参戦、菊池武敏を助けて足利軍と戦ったが破れてしまう。その夜、戦で刃こぼれした刀身に向け、欠けた刃が飛び寄って元の場所に納まった後ひとりでに修復された。その光景がまるで蛍が舞い飛ぶようだったので「蛍丸」と名付けられた〉

〈疲弊した惟澄が眠りに落ちると、刃こぼれした太刀に蛍が群がり修復した夢を見た。目覚めて刀を確かめるとすっかり直っていた。これにより「蛍丸」の名を付けられた〉

どちらにせよ不可思議な伝承である。

しかしこの蛍丸は、第二次世界大戦後の混乱で行方不明になり、今も見つかっていない。

そこで現代において〈大太刀「蛍丸国俊」の復元プロジェクト〉が立ち上がった。

震災後にはこのプロジェクトに復興祈願も加わっていく。

そして蛍丸の写しが三振り作刀された。

真打ひと振りは阿蘇神社へ。影打二振りはそれぞれ岐阜県関市の関鍛冶伝承館、クラウドファンディング最高出資者へ贈られた。


因みに、阿蘇神社の蛍丸以外にもうひと振りの蛍丸があった、という伝承がある。

四〇〇年ほど前、宮崎県高千穂町の三田井氏が敵に攻め込まれ負けてしまった。やっとのことで生き残った侍に追っ手がかかる。侍は叢《くさむら》に身を隠し、息を潜めた。しかし、差していた〈蛍丸〉が光り始めてしまう。その光に気付いた追っ手により、侍は討たれてしまった。村人はその侍を厚く葬り、祠を建立した——。

阿蘇氏の蛍丸と高千穂の蛍丸、伝承の違いはとても興味深い。

しかし本物の蛍丸は今、何処にあるのだろうか。発見されることを強く望む。

急流と隠れ里

球磨・人吉エリア

人吉盆地から八代海へ向けて流れる
一級河川——球磨川。
日本三大急流のひとつである。
凄烈なその流れは、命の本流を思わせる。

ループ橋（人吉市）

球磨地方を流れる球磨川は、日本三大急流のひとつである。

そして、高名な小説家・司馬遼太郎氏をして「日本で最も豊かな隠れ里」と言わしめた。

九州山地に囲まれ、外敵の侵入を容易なものとしなかった球磨・人吉は、相良《さがら》氏の治世を七〇〇年もたらした。それはまた、文化や伝統を守ってきたことと相違ない。

この球磨・人吉エリアにある人吉市大畑町に掛かる橋、ループ橋。

昭和五十二年に開通したこの橋は、熊本県人吉市と宮崎県えびの市を繋ぐ、その名の通りぐるりとループするように作られた橋だ。

加久藤《かくとう》カルデラの外輪山、その一部である加久藤峠は古来より難所であった。

かの西郷隆盛公も、雪の加久藤峠を苦労して通り抜け、熊本へ攻め入ったと言う。

この難所をスムーズに通行できるように作られたのがループ橋であるが、現在は高速道路が整備されたせいか、通行する車両は少なくなっている。

ただ、ループ橋を心霊スポットとする人間が少なからずいるらしい。

とは言え、熊本で訊いても余りピンと来る人は多くなかった。それどころか「心霊スポット聞いたことすらない」という答えもあったのだ。

単純に橋という存在が、スポット化を促しているのか。

調べてみると、欄干を突き破った車両の落下事故や衝突事故、乗ってきた車を置いたまま投身した人物の存在などが出てくる。

このような事情も加味して、スポットだという噂も出たのだろう。


このループ橋について、赤池さんからこんな話を伺った。

彼は現在二十代後半で、営業職を生業にしている。

その日、宮崎県小林市でのトラブル対応を終えて帰途に就いた。

車内の時計は午後十時を回っている。ループ橋を通るより、高速を通って帰るのが一番早い。が、自宅アパートへ直帰することになっている。翌日は土曜日で休みだ。さほど急ぐ必要がなかった。午後にでも会社へ行き、自分の車と入れ替えればいいだろうと考えた。

ループ橋が心霊スポットだと聞いたことを思い出す。通ってみても悪くないな、と赤池さんはえびの市へ向かった。

ループ橋へ入る。高度が上がるにつれ左手側にえびの市の明かりが見えた。明るく晴れたときなら美しい景色が一望できる場所だ。

さらに走ると右手側に二階建ての廃墟が姿を現した。一時期何者かが住んでいたらしいが、今は誰もいないようだ。窓に誰かが立っていたら、と想像してしまった。が、もちろんそんなことはなかった。

えびののループ橋を通り抜け、そして人吉ループ橋入り口が出てきた。

橋の始まりの場所の左手側は、下へ向かう細い道になっている。

何気なくそこへ目を向けたとき、危うくハンドル操作を誤りかけた。

小径の手前にある木々の中に、人の顔があった。

赤い顔だけが浮いている。身体はない。

今にして思うと、顔はかなり高い位置にあった。近くにある標識よりも上だ。

暗闇を楕円に切り欠くように、そこにポツンと赤い顔が浮かび上がっている。

電光掲示板の赤に照らされたような顔は、すんなりした輪郭だった。

目を開けていたか、口や鼻はどうなっていたか、覚えていない。

ただ、それが若い女性で、艶のある茶髪を左右に垂らしていることだけは理解できた。

ほんの一瞬のことだが、様々な情報が一気に脳内へ流れ込んできたと言えるだろうか。

驚いた赤池さんはアクセルを踏み込み、一気に加速していく。途中、何度か車体の制御ができなくなった。速度を出しすぎたせいか、それとも別の何かが原因なのか分からない。

走りに走って、熊本方面へ左折した先にあるコンビニに逃げ込んだ。明るくて人がいるところへ行きたかったのだ。

店内へ入ると漸《ようや》く人心地が付く。手足が震えていた。

自分を落ち着かせるため、商品を眺めるふりをしながらメッセージアプリを立ち上げる。

こんな時間に連絡ができる男の友人にメッセージを送った。

『ヤベェもん見た　ループ橋で女の顔が浮いてた』

ややあって返事が来る。

『マジか』

『マジだ』

こんなやりとりをする内、手足の震えが止まる。友人は信じてくれつつも『もしかすると誤認じゃないのか、スポットだという先入観のせいではないか』と冷静だ。

見誤りであるなら問題はない。だが、見てしまっている。

『詳しい話を日曜に聞かせて。明日の土曜は仕事と用事があるから』

友人の申し出を了承する頃には余裕が戻ってきていた。

自宅アパートへ戻ったのは日付変更線を大きく越えた頃だった。すぐシャワーを浴び、ベッドへ入る。別段何事もなく一夜が明けた。

日曜、顔を見たとメッセージを送った友人と会った。

アクリル板越しに昼飯を食べながら、彼が平然とした様子でこんなことを話す。

「女の首が浮いていた、って赤池君が言っていた所。行って見たんだけど、枝に白いコンビニ袋が引っかかっていたよ」

彼はえびの市で仕事をした後、わざわざループ橋を通って確認してくれていた。

空のコンビニ袋だった。少しの風でも揺れる。周りには外灯もある上、もしかしたら他の光源の赤を反射していただけではないか、と友人は自説を披露した。

なんだ、袋かよと赤池さんは安堵の息を漏らした。同時に馬鹿馬鹿しくなる。

「袋は高い位置にあったけど、積んでいた釣り竿で回収して捨てたよ」

また誤認されると事故の原因になりかねないからな、と友人は得意げだった。

ループ橋の話は続いた。友人は「熊本側から行くと、なぜか左側に廃墟が多い気がしない?」と言う。確かにそうかもしれないなと赤池さんは同意した。持ち主が逃げてどうしようもないのか、それとも金銭的理由で更地にできずそのまま放置しているのか分からないが、いつまでも残っていることに変わりない。

ああいうのも橋がスポット化するのに一役買っているのだろうと二人納得し合った。

――が。


それから一ヶ月くらい後、その友人と突然連絡が取れなくなった。

彼は自死を選んでいた。

場所は実家の自室だ。家族が誰もいない時間を選んでいた。時期的に、リモートワークが続く最中の出来事だった。

葬儀も家族だけで行う他ないので、赤池さんは参列できない。

後に遺族である友人のお兄さんから教えて貰ったことがある。

「遺書らしきものを残していたが、支離滅裂な内容だったので死を選んだ理由は分からない。こんな状況下であったが、いつも明るかった。職場に行かずに仕事ができるのは楽だから、ずっとこのままがよいと喜んでいた。それなのにどうして死んだのか」

遺書には赤池さんのこともあった。お兄さん曰く「お礼の言葉と、あっちでもツレになれたらいいなとあった」らしい。

赤池さんは号泣してしまった。落ち着いた後、お兄さんから質問される。

「ミカコという名前に覚えがありませんか？」

ミカコは美歌子という字で書く。女性名だ。

ミカコ。美歌子。そんな名前の女性は知り合いにも、友人との共通の交友関係にもいない。

正直に答えると、お兄さんは顔を曇らせた。

「弟の遺書にあった名前なんです」

――美歌子　ごめんなさい

遺書にはそう記されていた。弟がこの美歌子という人物に何か謝罪をしないといけないことをしていた疑いが出てきたので、友人家族は躍起になってこの美歌子を探しているが、どうしても分からないのだという話だった。

力になれず申し訳ないと赤池さんが謝ると、お兄さんも逆に申し訳ないと頭を下げた。

ひとつ気になるのは、全体的にお兄さんの言葉の歯切れが悪かったことだ。

当然プライバシーが大きく関わることだから当たり前だとそこは理解できる。だが、件の美歌子周りになると、明らかに何か口籠もることが増え、更に所々の辻褄が合わなかった。お兄さんの口から出てくる言葉の端々に、美歌子の特定がある程度済んでいるような様子が滲んでいたからかもしれない。もしかしたらもう美歌子が誰か分かっているのかと訊ねれば、知らない、これはただの予測ですと斬って捨てられる。

よく分からない話だとしか言えない。

以降、友人家族とのコンタクトは取れていない。

疫病に関して規制が緩んできたので、近々線香を上げさせて貰えないか友人のお兄さんに連絡を取ってみる予定だ。

その際、美歌子について聞いてみる、と赤池さんは言っていた。

だが、その直後だ。赤池さんは事故に遭った。

車は全損だったが、本人は肋《あばら》と腕を骨折しただけであとは無事だった。

運転中、急に左側の視界が暗くなり、気がついたのは横転した後である。幸いなのは人を巻き込まなかったことだ。持病はないし、初めてのことでただただ驚くほかなかったと彼は訝しい顔を浮かべる。

片手で苦労して打たれたメールに、以下の文言があった。

『美歌子について訊くな、って言われている気がします』

この話は赤池さんに執筆許可を頂いた。が、ご友人及びそのご家族のプライバシー関連部分に削除や変更を行っている。ご理解下さると幸いである。

山へ（人吉市）

人吉市には、高塚山という山がある。

頂上付近は周囲に遮蔽するものがないため、無線中継所が設置されている。

山頂部には高塚神社の祠があり、受験生が石を奉納すると御利益があるという。

この山は肥後国相良氏の武将・東頼乙《ひがしよりいつ》（頼一とも）の縁《ゆかり》の地だ。

後年、頼乙が入道（仏門に入ること）し、名を〈休斎〉と号した。女犯肉食の一切を絶ち、常楽寺山に庵を結び、昼夜問わず兵道（戦の道。武道）に勤しんだ。

一六二七年、寛永四年に病没後、遺言に従い人吉市の高塚山にて火葬された。

別説として〈休斎は高塚山に石室を設け、そこで念仏を唱えながら即身仏となった。埋葬された場所は分からない〉がある。

この休斎が埋葬された場所が塚とされ、高塚山という——のかは分からない。

そもそも遺言で「高塚山へ埋葬して欲しい」という時点で、山の名前がすでに高塚山であったことが窺い知れる。

実際の高塚山は山頂の一番盛り上がった所に摩利支天が祀られている。摩利支天とは陽

高塚山に鎮座する「高塚神社」（著者撮影）

炎や太陽の外側の輝き・威光を神格化した尊だ。

摩利支天は自在の通力を有しており、日本の武士の間で信仰されていた。元々武将であった休斎関連の山だから摩利支天が祀られているのかも知れない。

因みに、山頂はコンパスが効かない上、周囲の岩に古代文字が刻まれていると論じる人もいる。が、山頂付近の岩は磁鉄鉱を含んでいるからコンパスがおかしくなるのは当たり前で、古代文字も石工の鏨《たがね》の跡のようである。

問題は高塚の名であろう。

摩利支天の祠がある部分が、もしかすると古代の塚であったのかもしれない。石を奉納することも、実は当時の塚を築く際の様子が口伝えになって変じた可能性もある。

そして時代が進むにつれ、高い山頂に塚がある山、高塚山となったのではないか。だからすでに頼乙の時代には高塚山の名になっていた、と考えられる。

――そして、この高塚山は幽霊と怪光、怪炎、未確認空中現象（ＵＡＰ）を目撃した話がやたらと多い。地元紙でも特集されていたことがある。

信仰を集める山だからなのか、それとも別の理由があるのか分からない。

現地へ足を延ばして分かったのは、初見だと山に入る前に迷うことだろう。過去に事件の現場となった理由が何となく分かった気がした。

この高塚山を調べているとき、或いは調べた後、幾つか話を聞くことができた。

それをご紹介したい。

ＵＡＰ　その１

人吉市を流れる球磨川。

そこに掛かる人吉橋を車で渡っていると、右の上空に何かが動いて見えた。

艶のない銀色をした、球状のものだった。

空中なので比較対象はなく、大きさは分からない。

謎の飛行体はあっという間に高塚山方向へ飛び去ったという。

目撃者は「最近撃ち落とされ、話題になったあの白い気球か」と思った。

件の白い気球は人吉市より南側の鹿児島県などでも目撃されている。そこから北上してきたのではないか、と一瞬考えたようだ。

ところが見たものは艶のない銀色の球で、ソーラーパネルなど他のパーツらしきものは一切見えなかったという。

銀色の球の正体は、未だ分からない。

UAP　その2

雨が降る日中、高塚山の近くを車で走っていた。

助手席にいた家人が「何、あの光？」と口走る。

指を指す方向をフロント硝子越しに見上げると、真っ黒な雨雲の中を光が移動していくところだった。大きさの見当は付かない。大きいかも、と感じた。

噂に聞く球電（大気中、帯電した球体が発光・浮遊する現象。その球体。球雷。ボールライトニング）か、と思った瞬間、光は一直線に高塚山方向へ消え去った。

最後まで雲の中だったので、どのような姿形だったか分からない。

光が消え失せてすぐ、雨は土砂降りに変わった。

目撃　その1

ある人のお母さん曰く。

「高塚山に上る道から、よく分からない人が下りてきたのを見たことがある」

車で上にある駐車場を目指しているときだった。

良く晴れた日なのに真っ白な合羽を着た人が下ってくるが、やけに背が低い。それなのに頭だけが大きくてバランスが悪かった。五等身くらいだろうか。目の部分にスキー選手が掛けるようなゴーグルが着けられている。だから光を反射して中身は見えない。

手にひとつずつ、銀色のアタッシュケースのようなものをぶら提げていたが、背が低いせいかその底面が地面に着きそうだったことを覚えている。

害虫駆除業者だろうかと思いながらそのまますれ違った。

合羽は上下セパレートではなく、全身が繋がっているように見えた。フード部も顔全体を覆う形である。お母さんの表現を借りれば「芸人さんが着る全身白タイツがゆるゆるでダボついた感じ。でも顔（鼻から口元）部分が開いていない」だった。

それ以後、似た姿をした人物には出会っていない。

目撃　その2

高塚山に肝試しに出かけた友人グループがあった。

事前に〈出る山〉だと言われているのを知っていたからである。

暗い道を注意しながら車でトロトロ登る。

車中は近隣の怖い話やオカルト話で盛り上がっていた。

山頂に一番近い場所で車を停め、外に出る。祠を目指して歩き出したとき、話者はやけに身体と足が重いことに気がついた。他の連中も同じだったらしく、口々にキツい、つれぇ、足が上がらねぇと文句を言っている。

ハンドライトの光を頼りに進んでいると、山頂が近付いてくる。

その時、誰かが黙れ、静かにしろと言った。

「祠ンとこ、誰か居る」

全員、一瞬で意思疎通ができた。ライトのスイッチを切り、息を潜めつつ祠の方を見る。

花柄ワンピースで、流行の髪型をした若い女性の姿が祠の前にあった。

石を持ってきては手を合わせることを何度も繰り返していた。

まるで、お百度参りだ。

こんな時間にここまでやるとは、余程強い願いがあるのだろうか。

そんなことを考えているとき、友人のひとりが小声で「戻るぞ」と指示を出す。確かに邪魔をしちゃいけないなと、全員山を下りた。女性に気を遣って、ライトは途中で点けた。

「高塚神社」。摩利支天が祀られている（著者撮影）

帰りの車中、戻るぞと言った友人が固い声を発する。

「ヤベェもん、見たぞ、あれ」

丑の刻参りでもない、お百度参り的なものだ。どうしてなのかと訊く。

「あそこ、真っ暗だったけんが！」

そこで全員気付いた。あんなに暗い場所で、どうして女性の出で立ちが分かったのだ。

ライトを消した瞬間、それぞれの顔すら見えなくなったではないか。

花柄ワンピースに流行の髪型だなんて、見えるわけがない。それに――ライトを点けるまで自分たちはどうやって歩いたのだろうか。

外灯があった可能性を指摘するが、誰も覚えていなかった。

そして、女性の顔は見たはずなのに、それぞれが抱いた印象もまた、全て違っていた。

ある人はアイドルに似ていたといい、ある人は高校のクラスメートに似ていたといい、ある人はある女優に似た顔だったといい、ある人はアイドルグループ出身の女優っぽかったと言った。

全て違うタイプの顔だった。


あれから何年も過ぎたが、彼らは二度と高塚山に登っていない。

五木の子守唄（五木村）

桑原さんが、お母さんから聞いた話がある。

彼女のお母さんの故郷は、球磨郡の五木村に近い地域にある。

五木村のイツキは〈厳しいのイツから来ている〉〈平家の落人が居着いたことによってイツキとなった〉などの由来があるようだ。

幼い頃、お母さんは（お母さんから見ての）お母さん、お祖母さんや曾お祖母さんから五木の子守唄を聞かされて育った。

五木の子守唄とは、五木村に伝わる子守歌である。

実際は守り子歌であり、子を寝かせるために歌うものではない。貧しい家に生まれ、口減らしのために奉公へ出された子らが自らを慰める歌であるという。

現在伝わる五木の子守唄は〈一九三〇年に人吉市の小学校教師により発見され採譜された〉らしいのだが、兎に角謎が多い。

発見時のエピソードもだが、ルーツですらハッキリとせず、歌詞も曲調も拍子もバリエーションが多すぎるのだ。

　桑原さんのお母さんは、自分が聞かされていた五木の子守唄について、こんなことを彼女に教えてくれた。

〈うちがお母さん、お祖母ちゃんや曾お祖母ちゃんから聞かされとったんな、五木ん子守唄じゃなか。呪い歌やったけん〉

　呪い歌。呪歌。なぜそんなことを言うのか、桑原さんは訊いた。

　お母さんはハッキリと答えた。

〈拝み屋さんが教えてくれたけん。ほら、●●町ん●●さん。私のお母さん、アンタのお祖母ちゃんが頼っとったところの拝み屋さんばい〉

　聞かせた相手を対象にした呪い歌であった、らしい。

　お母さんの祖母・曾祖母はそれと知らず、親から教わったただの五木の子守唄だと信じていた。だから、桑原さんのお母さんに「五木の子守唄だ」と歌って聞かせていたのだ。

　桑原さんのお祖母さんがよく足を運んでいた拝み屋さんが何かの折に〈件の五木の子守唄〉を知って、忠告してきたのだった。

――とんでもない歌や。こぎゃんとば歌えば相手だけじゃなか。歌うた本人も不幸になる。すぐに歌うのも、教えるのも止めなっせ――。

実は、桑原さんのお母さん、お祖母ちゃん、曾お祖母ちゃん、高祖母は全員伴侶に恵まれていない。そして途中で離婚か死別してしまい、以後は非常に苦労している。

また、全員の第一子は男子だったが、生まれて数ヶ月の間に亡くなっている。その後は女児が産まれて、その後は子を授からない。

桑原さんにも、幼くして亡くなったお兄さんがいた。生後二ヶ月だった。

桑原さんは件の五木の子守唄を聴いたことがない。

お祖母さんもお母さんも、拝み屋さんから忠告されてからは絶対に歌わない。

ただ、テレビか何かで流れた五木の子守唄を聴いているとき、お母さんが言ったことを今も覚えている。

――あたしん知っとるのと、いっちょん（まったく）違う。

もうひとつ（人吉市）

人吉市に、永国寺という寺がある。

別名、幽霊寺――。ここには幽霊画の掛け軸が残されている。

肥後南部を納めていた相良氏（戦国大名の氏族）の崇敬を受けた由緒ある寺だ。

西南の役の際、かの西郷隆盛公がこの寺に三十三日の間、本陣を敷いたという。

一八七七年の人吉市街戦により焼失、一八九一年に本堂が再建。しかし老朽化のため、二〇一七年に改築された。

開山した和尚・実底超真が描いたと伝えられるのが、前述の幽霊画である。

戦での焼失を免れた（他の火災の際も、という話もある）この幽霊画には、このような言い伝えが残っている。


寺の近郷にいたある男の妾〈さん〉が身投げして死した。

理由は本妻の悋気に悩んだせいである。

この世の者ではなくなった〈さん〉は、幽霊と化し本妻を苦しめた。

当然この所業のため〈さん〉は中有の世に迷った（現世と冥途との間の暗い世界をさまようこと）。この苦しみを和尚・実底超真に毎夜訴える。

実底超真は迷う〈さん〉の醜い姿を画にして突きつけた。

驚いた〈さん〉は引導を願い、成仏したのだった（※伝承については細部が違うものが幾つかあることに留意したい）。


〈さん〉を描いたと言われる幽霊画は、静けさの中に凄みをたたえている。

向かって左に身体を捻り、髪を振り乱したまま顔は右を向く。

両の眼は釣り上がり、黒目がない。食いしばるように歯をむき出した口元は苦しみに溢れ、こちらに何か言いたげでもある。

折った手首はだらりと垂れ下がり、帷子《かたびら》の胸元は乱れ、浮いた肋が露わになっている。

足下は透けるように消え、周囲には突き出す草と鬼火のようなものが描かれているのが見て取れるだろう。

一部は劣化のためか主線や塗られた色が剥がれ落ちている。

この幽霊画は普段レプリカが飾られているが、夏に行われる「永国寺ゆうれい祭り」で本物が公開される。

加えて、寺には幽霊が現れた池や、豊臣秀吉公の朝鮮出兵に纏わる耳塚など見るところが多い。更に、人吉市には城址や武家屋敷など含む歴史ロマンに溢れている。祭り開催に合わせて人吉を訪れるのも一興だ。

この人吉市に住んでいた中村氏という人物がいる。父親の転職でこの地を離れ二十数年。今は愛知県在住だ。現在四十歳手前の氏に人吉市のことを話すと、とても懐かしそうだった。話題が永国寺に至る前、彼がぽつりと漏らす。

――幽霊寺、永国寺ってあるでしょう?

氏は幽霊画の、と言い添えた。頷くと、こんな話があると教えてくれた。

氏がまだ十一歳になったくらいだ。

職を変わった父親から人吉を出ると聞いた。子供心ながら仕方ないという諦観がありつつ、友人達や住み慣れた人吉を離れる寂しさも同時に感じた。

引っ越し準備で要らない物を処分していると、父親が納戸から何かを持ってくる。古びた紙の束だった。

曾祖父辺りが書いた墨書が大半であったが、その殆どが文字の練習のような体である。その中に四つ折りのものがあった。開くと画が墨で描いてある。永国寺の幽霊画に似ている。模写だろうか。それにしては下手だった。頭と手が大きく、身体は小さい。目鼻口はてんでバラバラで、落書きのようだ。大きさは習字の半紙程度で、その上三分の二が幽霊画。残りの空きスペースに汚い文字で何事が書き付けてあった。他の紙にあった、曾祖父の墨書に似た筆致だ。文字は永国寺、和尚だけは読み取れた。他がよく分からない。何か読めそうで読めない文字が沢山あった。

「祖父さんの手慰みで、ゴミだろう」

断言した父親は元通り四つ折りにし、庭に置いた燃えるゴミ入れの段ボール箱へ投げ込んだ。なんとなく勿体ないというか、曾祖父の思い出の品を棄てているようで気になった。保管しようよと父親に伝えたが、引っ越しの邪魔になるからと突っぱねられた。

ところがその夜、その燃えるゴミの箱が燃え、ボヤ騒ぎが起きた。

まだ両親が起きている時間ですぐに消し止められたから大事に至らなかったが、もし真夜中なら家や近隣に燃え移っていた可能性があった。

ほっと胸を撫で下ろす氏の目の前で、父親が小さく叫んだ。

火を消し止めたゴミから離れた所に、一枚の紙が落ちている。

夜目にも白く目立っていた。

近付いて驚いた。あの曾祖父の幽霊画だった。

なぜか完全に開いており、画の側が上を向いている。

拾い上げた父親が訝しげな声を上げた。

「おい。燃えてもいないし、濡れてもいないぞ、これ」

確かに曾祖父の幽霊画は一切損傷していない。

父親はそのまま画をグチャグチャに丸め、棄ててくると告げて何処かへ行ってしまった。

その間、ボヤ騒ぎで野次馬の如く集まってきた近隣住民に母親が対応していたのが昨日のことにように思い出される。父親が戻ってきたのは数時間後だったはずだ。その手に曾祖父の幽霊画は握られていなかったことは確認している。

ボヤの原因は分からず、不審火としか言い様がなかった。


その後、中村氏は愛知へ引っ越した。

転職後の父親は順調に出世していったが、母親が癌で亡くなった。氏が高校二年の頃だ。

父ひとり子ひとりで暮らす内、父親が「この家、母さんがいるな」と言い出す。俗にいう気配だろうか。それとも寂しさから来る妄想だろうか。母親が亡くなって五年も経つのに、今更どうしてこんなことを口にするのか分からない。

どうしてそんなことを言うのか。なぜ母親がいるというのか。説明を求めると、父親は笑顔でチラシの裏にフェルトペンを走らせ、何かを描いた。

「家にいる母さん、こんなだぞ」

渡されたチラシには、頭と手が異様に大きい、洋装の女性の姿があった。

子供が描いたような下手くそな画だ。父親に絵心はなかったが、それでも母親には似ても似つかない。髪型も、辛うじて読み取れる顔の造作も、何もかもが違う。

ふと思った。父親は心が疲れているのだろうか。案じながら眺めていると、不意に曾祖父の画を思いだした。あの幽霊画だ。

全く違うはずなのに、どうしても頭に浮かんでしまう。

持っているのが厭になり、父親に手渡す。彼は丁寧に四つ折りにして棚に仕舞った。

それ以降「家に母親がいる」とは言わなくなった。

二年ほど前、父親が亡くなった。中村氏は喪主として送ったという。

遺品整理をしていると、父親の部屋から二つの画が見つかった。

父親が描いたあの母親の画と——曾祖父の幽霊画だった。

母親の画も、幽霊画も綺麗に四つ折りにされていた。

どちらも皺ひとつない。父親のノートに挟まれて保管されていたようだった。

今、二つの画は手元にありません、と中村氏は言う。

愛知県のお寺へ預けて手放したのだ。

氏は近々永国寺を訪れ、幽霊画に手を合わせる予定である。

天草の隠し財宝　その顛末

天草には隠し財宝の噂があった。

〈巨大な黄金の十字架、金銀製の燭台二〇基、宝石をちりばめた王冠を隠した〉

時価総額数十億円のこの財宝は、島原の乱の際、鎮圧される前の一揆軍が軍資金の一部を天草諸島下島、柱岳麓の三角池に隠した、というものだ。

この隠し財宝の在処《ありか》を示すのではないかという十字架が、一九三五年に見つかっている。

天草市有明町の山の麓から出てきた小さな十字架がそれだ。

鉄製の十字架に施された金メッキの下には〈さんしゃる二　こんたろす五　くさぐさのでうすのたからしづめしづむる〉と文字が残されていた。

これこそ財宝の隠し場所を示す暗号だ！　と騒がれ、推理漫画の題材にも選ばれている。

当然の如く、トレジャーハンターやミステリファンが謎の解明に乗り出した。

〈さんしゃる池という名前の池が、天草地方の古地図にある。これが三角の池だ〉

〈宇土半島に三角浦という地名があった。ここではないか〉

〈いやいや、柱岳近くの矢筈岳にあった茶屋峠に三角の池が干上がった場所がある〉


どれも財宝の隠し場所に見えてくる。

ところが〈さんしゃる二、こんたろす五〉の謎はあっさり解けてしまった。

さんしゃるはラテン語のサンシャルで、聖なる遺物を指す。

こんたろすはポルトガル語でコンタルス。ロザリオである。

「聖なる遺物を二つ、ロザリオを五つ、種々のデウスの宝、沈め、鎮める」

暗号ではなく、キリシタンが自分たちにとっての宝、主の宝を隠すように沈めたものなのだろう。時価数十億円の財宝ではなかった。


が――少し気になるのは聖なる遺物、聖遺物という部分である。

聖遺物は、一般に聖者の遺体、またはそれに触れた物、衣服、所持品などを指す。

だとすれば、ロザリオ以外の聖遺物二つとは、何なのか。

この天草の地に何を沈め、鎮めたのだろうか。

もしかしたら、誰も気付いていない聖なる遺物が天草に眠っているかもしれない。

碧い海と蒼い島
天草・芦北エリア

天草群島――碧い海に浮かぶ
大小一二〇余に及ぶ島々。
対岸には芦北を始めとする温暖な土地がある。
高台より遠くに望む島々は、
蒼く麗しく浮かび上がる。

宝（天草郡）

日本には埋蔵金伝説が数多くある。

有名どころでは、徳川埋蔵金か。

他の埋蔵金・隠し財宝を調べていくと、島に隠した、という伝承が多い。

島国・日本で島へ隠さないほうがおかしいということだろう。

「和歌山県のつむじ風剛右衛門と〈五三二六五二三〉の暗号」や「瀬戸内海・祝島《いわいしま》の〈英国船ナイル号〉の宝物」「しまなみ海道、伯方島《はかたじま》周辺に眠る〈古文書に記された〉財宝」「長崎県・香焼島《こうやぎしま》と高鉾島《たかほこしま》の間に沈んだ〈ポルトガル船〉の財宝」「鹿児島県・宝島にある〈キャプテン・キッド〉の財宝」「宮崎県・島野浦島《しまのうらしま》に噂される〈メキシコ女王〉の秘宝」など、枚挙に暇がない。


宇土《うと》半島南西にある島々を天草諸島という。

この天草諸島――天草郡にも財宝伝説が存在する。

〈天草の隠し財宝〉だ。

島原の乱で一揆軍が軍資金の一部を天草諸島下島、柱岳麓の三角池に隠した、というものので、時価総額数十億円と言われている。

この宝に魅せられた、ある人物の話を記そう。


天草の財宝探しをしていたのは、矢田さんという。

二〇二三年時点で四六歳を迎える。快活そうな印象でアクティブな人物だった。

天草の財宝を知ったのは〈とある推理コミックの単行本〉である。

初版が一九九九年だから、単純計算で二四年前、大体二二歳辺りのことだ。

最初は友人達と遊び半分で探していたが、すぐにそれは終わった。

以降は単独で調べを進め、様々な予想を組み立てていった。


「さんしゃる二　こんたろす五　くさぐさのでうすのたからしづめしづむる」

さんはサンで太陽。しゃるは「おっしゃる」で、二はに、だろう。よって〈太陽がおっしゃるに〉。

こんは来ぬで、たろすは名前だ。だから〈タロスは五度も来ぬ〉。くさぐさは草々で草深いところ。でうすはデウスでゼウス。神。神の宝。しづめしづむるは、何処かへ沈めたが、また浮いてきたので深く沈めた。

「太陽がおっしゃるに、タロスは五度も来ぬ。草深い場所へ神の宝を沈めたが、浮いてきたのでまた沈めた」

このように解いてみたは良いが、矢田さんにも訳が分からない。

次第に財宝探しをする気力は萎え、放置気味になって長い時間が過ぎた。

その後、他の人の手で暗号は解かれた。

〈聖なるもの二　ロザリオ五　種々のデウスの聖遺物　ロザリオ　ここに沈め　鎮める〉

ここから読み取られた結果は、天草の隠し財宝はない、であった。

しかし、矢田さんはそれを認めなかった。

解かれた暗号解釈に間違いがあるのではないか、と考えたのだ。

宝探し熱が復活するにつれ思いついたのは、二と五の重要性だ。天草で聖なるものと言えば教会・キリシタン関連だろう。これが二箇所。ロザリオが五であるなら、多分ロザリオを想起させる地点が五つあるはずだ。ならば、その地点を線で結び、浮かび上がった図形に財宝の在処を示すヒントがあるのではないか、と思ったのだ。

そして独自の判定法で天草群島内に七つの地点を割り出した。

結果、聖なるもの二つは教会やキリシタン関連外で、ロザリオはかなり厳しい条件付けの果てに決定された（因みに選ぶ方法を説明して頂いたが、かなり複雑である。「一部は専門知識がないと理解できない」とは彼の弁である。確かに未だ理解不能だ）。

選ばれたポイントだが、まず聖なるもの二つは東西に延びた直線だった。

ロザリオのポイントを結ぶと歪んだ星形を形成することができた。聖なるものの線が中央部を横に貫く形になったのも仮設を補強する一助になったと彼は言う。

地図上でポイントし、その全てを矢田さんは巡った。

バイクなのである程度細い道や山道も踏破可能だったのが幸いだった。

まず聖なる二箇所を横断。続いて星形の五つの頂点を走る。

最後、星の中央を訪れた。聖なる二箇所を結ぶ線を辿り、ここではないかという目星を付けたのだが、個人で入るには難しそうな場所だった。

ポイントを走っているときについて、矢田さんはこんなことを口にしている。

「行く先々で動物が死んでいたり、事故を見たり、事故現場の花束を見たりしました」

それだけではない。道中、彼自身も何度か事故に遭いそうになっていた。

横道からの飛び出し、原因不明のスリップ、突風もないのに横からの圧力を感じて転びかける、何も踏んでいないはずなのに前輪が横に飛ぶ――等々。

とどめは見通しの良い道路での飛び出しだ。

真横から誰かが飛び込んできた。それを避けようとしたときなぜか前後輪がロックし、制御不能に陥ったのだ。

何とか立て直し、バイクを停める。

周囲には誰もいない。横から道路へ入ってきたのは確実に人の形をしていた。誤認とは思えない。ただし、性別も服装も何も見分けることはできていなかった。

矢田さんは天草の財宝の謎を解いたと思っている。

ただ、七つのポイントを回った後、急に体調不良が始まった。当初は疲れやストレスが原因だろうと放置していたが、長い間治らない。

病院へ行くと病が発覚した。長期に亘り闘わなくてはならないものだった。

だから彼は今、両親がいる長野県に住み、闘病を続けている。

熊本県にまた住みたいな、あそこはとても良いところだから。でも、天草の財宝は探さないけれど、と矢田さんは元気に話す。闘病中の人物とは思えなかった。

後日、彼が探し当てたポイントが記された地図をリモートインタビューの時に見せて頂いた。パソコン画面越しに差し出されたものには七つ以上の点が打たれている。

そして引かれた線は、どう見ても星の形をしていなかった。

油すましの墓（天草市）

天草市には、妖怪〈油すまし〉の墓がある。

油すまし。或いは油ずまし。

郷土史家・浜田隆一氏が記した「天草島民俗誌」が初出のあやかしである（天草島民俗誌では〈油ずまし〉表記となっている。以下、墓の名称以外はそれに倣って記載する）。

熊本の天草郡栖本村字河内（現在の天草市栖本町河内）と下浦村（現在の有明町下津浦あたり）を結ぶ峠・草隅越《くさずみごえ》を老婆と孫が歩いていた。

「ここにゃ昔、油瓶さげたん出よらいたちゅぞ（ここには昔、油瓶下げたのが出たと言うぞ）」

老婆が孫に語っていると、突然声が鳴り響いた。

「今もー、出るーぞー」

そして油ずましが現れたという。

とは言え、油ずましがどんな姿か書かれていない。

かの水木しげる大先生が描いたイメージを抱かれる向きも多いだろうが、実は油ずましの外見に関して、よく分かっていないのが現状だ。

巨大な薬缶が落ちてくる妖怪〈やかんずる〉や、つるべが落ちてくるだけの〈つるべおとし〉と同じく、油瓶が下がって来た妖怪であるとの説もあるが、民俗史の文章を素直に取るならば、油瓶をさげた何かであった可能性が高い。なぜならば、もし油瓶が現れただけでは〈油瓶さげたん〉ではない。やかんずる系統の妖怪であるなら〈上から大きな油瓶が下がって来たちゅぞ〉に近い表現の表記がされているはずだ。

だとすれば、峠の最中、突如として現れたのは〈油瓶をさげたもの〉であろう。当時大切だった油と油瓶がいつしか付喪神と化した妖怪ではないかと、ふと想像してしまう。


——が、取材中いろいろな談話の中から、ある種の仮説を思いついた。

どうも昔日の草隅越は、追いはぎめいたものがいたらしい
栖本村と下浦村は行商人などが越える道でもあった。当然彼らが運ぶ商品には、貴重で高価な油も多く含まれる。

ただ峠は常に薄暗く、少しでも日が傾けば視界は悪くなった。

そこを狙った追いはぎが現れ、商人を脅しつける。

「おい。ぬしん持っとる油ばよこせ」

貴重品である油は、追いはぎ自身が使っても売っても良い品だ。狙うには格好の標的であろう。幾ら高価だとしても命には代えられない、と商人は油を渡す。

追いはぎたちの間に「草隅越じゃ、油を狙え」となったことは想像に難くない。当然、草隅越を通る行商人たちも追いはぎ達のことを周知し合ったはずだ。

「草隅越には、大事な油を掠め取る輩がおるから気をつけろ」と。

油を掠め取る。油をかすめとる。油かすめる。油すめる。油すまし——強引だが、こうして油ずましに変化し、妖怪化してしまった、と考えられないだろうか。

「ここにゃ昔、油瓶さげたんが出よらいたちゅぞ」

老婆の言葉も、追いはぎが盗んだ油を分けて入れるための瓶を下げて現れた姿を言い表しているようにも感じられる。これが時が経つにつれ〈油瓶をさげた妖怪〉へ変じた。

そう考えると辻褄が合う、ような気がする。

この油ずましが現れた草隅越は〈栖本町河内と有明町を繋ぐ草越峠〉と判明している。

そして栖本町河内には〈油すましどんの墓〉が残されているのだ。

何を埋葬しているかは分からないらしいが、いつしか油ずましの墓になったらしい。

雑木林を抜け、坂を下った先にその墓はある。

切り立った小さな崖の下に首や顔のない石仏が三体祀られた場所だ。取材時にはラー油が、別の時には胡麻油が瓶ごと供えられていた。油すましどんの墓だからだろう。

しかし石仏を祀っている場所が墓所となるには何か理由がありそうである。油すましどんの墓の前に据えられた椅子に座り、じっと見詰めてみた。すでに夕暮れ近い時間帯だった。薄暗くなってくる。問題の草越峠はここよりもっと暗いはずだと想像する。もう少し墓と対峙してみるかと腰を据え直したときだった。

墓の上から幾つも小石が落ちてきた。

いや、正しくは「小石が落ちてきた音が幾つも聞こえた」だ。

見上げるが動くものはない。しかし音は聞こえる。

小石が崖に当たりながら転がっているような軽い音だった。目を凝らしてみるが、小石どころか何もない。

もしや上に人がいるのだろうかと疑ったが、見上げても誰の姿も見えない。坂を途中まで登ってみたが、人の姿どころか動物の類いも見つけられなかった。

もう一度戻って椅子に座り、墓を見詰めた。

知らぬうちに音は止んでいた。

石が降ってくる妖怪現象は天狗礫《てんぐつぶて》だが、石そのものが見つけられない。

音だけなら天狗倒しや小豆洗《あずきあら》いなどだが、石が転がる音はどんな妖怪だと論じれば良いのだろう。

ともかく、油すましどんの墓で訳の分からない出来事に出くわしたことに違いはない

もしかしたら、これは油ずましの仕業かも知れない。と言うことは――。

この栖本町には油ずましが「今もー、出るーぞー」。

油すましの墓（天草市）

「油すましどんの墓」には、頭部や顔がない石仏が並んでいる（著者撮影）

アマビエさま〈八代海〉

世界的疫病が流行った頃、あるものの名が世間を賑わせた。

アマビエ、である。

アマビエは長い髪に嘴《くちばし》が生えた半人半魚のような姿で描かれている。耳の部分は鰭《ひれ》状で、足は三本。胴体には鱗のようなものが並んだものだ。

アマビエは〈江戸時代後期、一八四六年（弘化三年四月）、熊本県に現れた。場所は肥後国の海の上（八代海とも）である。肥後国の海で毎夜光るものが出現するので、土地の役人が調査へ向かった。その際アマビエと名乗るものが姿を見せ、こう話した。「これより六年の間、諸国で豊作は続く。ただし、同時に疫病も流行る。私の姿を書き写し、その画を人々に見せよ」。予言のような内容を伝え終えると、アマビエは再び海の中へ戻っていった〉。

この疫病云々が現代の世界的疫病の世にリンクし「アマビエの画は疫病除けになる」とまことしやかに語られ、各メディアで取り上げられるようになったのである。

しかしアマビエは「画を見れば疫病を退散させる」と言っていない。どうしてアマビエ＝疫病除けになったのかは、甚だ疑問である。多分、類似する他の〈予言する異形〉伝承

天草四郎像とアマビエ像（PhotoAC）

と混じり合った認識からなのかもしれない。

とは言え、すでにアマビエは疫病除けの存在として周知されている。

一度そのような認識をされればそうなってしまうのもまた、流行神的であろう。

因みにアマビエの名の由来や類似するものたちに関して様々な説が語られている。一度調べて見るのも一興ではないだろうか（類似の存在でアマヒコ、アマビコがある。アマビエのエはコから記述ミスによりエになったのではないだろうか。また、海が光る伝承も、八代海の不知火〈蜃気楼の一種。夜に灯る漁り火が大気光学現象で異常屈折したもの〉等が関連している可能性もある）。


――世界的疫病流行後、アマビエが流行った頃だ。

千々岩さんは、彼女の祖父母が流行前にこんなことを話していたのを思い出した。

〈よくねぇコッが起こるが〉

〈あっちの海から来るけん〉

二人は東シナ海に面した場所で、海の向こうを指し示した。

祖父曰く「海の向こうの色が悪ィけん」。

彼女が眺めても、単なる碧い海でしかない。祖母も口を開く。

「自分たちの親、そのまた親から教えられていたことがある」

空と海、山を見れば天候は読める。それは農作や漁業を行う指針になるが、同時に神サンのことと関連づけられるものだ、と。

「あの海の色はおかしい。神サンが何か伝えようとしとるけんが」

祖父母の言葉を借りるなら、空と混じり合う辺りに濁りがある、らしい。

これまでの疫病が流行ったときに、とても似ているのだと強く言う。

病が流行るのかと険しい顔をした祖父母を、千々岩さんは冷めた目で見てしまう。そんな事、ある訳がないし、分かるはずがないのだから。

ところが、それから約一年後に世界的疫病が流行り始めた。

その前に祖父母はこの世から旅立っていた。最初に祖父、次に祖母と連続だった。

祖父母が疫病のことを口にしたのは、二〇一八年の暮れであったと言う。

世界的疫病の端緒は二〇一九年暮れで、日本では翌二〇二〇年からである。

タイミング的に千々岩さんの祖父母がこの病を言い当てていたか断言できない。

が――。

＊

鶴田さんは大学の友人からこんな噂を聞いた。

友人の友人である某が、怪しい商売をしているらしい。

この某は鶴田さんとそこまで接点がない。友人達と遊んでいるとき、ごく偶に顔を合わせるくらいの存在だ。某が大学を辞めると、そういう場でも見なくなった。

その怪しい商売とは何か訊くと、〈アマビエ商売〉であると友人は言う。

某は自宅でパソコンとプリンターを使い、ネット上で取ってきたアマビエ画などをコラージュ。御札タイプのイラストにしてプリントアウトし、それを売っているというのだ。

某は〈アマビエに著作権はないから許可も要らない〉と豪語していた（アマビエの文字商標登録などの動きはあったが、後に取り下げられている。また他の出願も二〇二〇年九月までに登録を拒絶された）。

それに疫病流行りの昨今、ネットを使えば人に接触しないでも品物を売れる。

加えて、専門知識がなくとも御札風にすれば効果がありそうだと群がってくる輩が多い。

だから楽な商売の割に儲かるから、笑いが止まらないと某は自慢していたようだ。

楽して儲けるのはいいよなぁと、友人は羨ましそうにしていた。

ところが、それから一年を待たずしてその某は行方知れずとなった。

連絡が取れなくなったので、鶴田さんの友人が某の部屋へ行くと施錠されていなかった。中に入ると、姿がない。状況から鑑みて、アマビエ御札の送付準備中のようだった。パソコンやエアコンは点けっぱなしだったのですぐに帰ってくるだろうと思ったが、待てど暮らせど戻ってこなかった。

以降、某の姿を見ることはなくなった。

だが、友人知人の間でこんな目撃情報が語られるようになった。

〈有明海近くの場所で似た人間が歩いていた〉

〈宇土の御輿来海岸傍で、それらしい人物を目撃した〉

〈佐賀の海辺近くの飲食店から出てくるのを見た〉

〈グリーンランドの駐車場で見かけたので、声を掛けたら逃げた〉

〈同じく、熊本市街の飲食店内で出くわしたが、逃げた〉

〈八代のバーガー店の駐車場から徒歩で出て行くのを見かけた〉

〈八代海に面した場所でぼんやり立っていたので、慌てて車を停めたが一瞬目を離しただけで見失った〉

結局、誰も某を捕まえることはできなかったのである。

その後、二〇二三年初頭、某が亡くなっていたのが判明する。

確実性のない噂であるが、自死した遺体は海で見つかったらしい。

なぜ自ら死を選んだのか、遺書すらなく分からないと遺族が言っていたと、友人が鶴田さんに話してくれた。ただし、遺体発見場所に関しては教えてくれなかったようだ。

因みに某のアマビエ御札は、アマビエの他に疫病避けと言われる各種要素を足し、勝手なアレンジをしたものであった。出鱈目な御札風のもの。ある意味不敬な代物。それが目にした方々の感想である。


なぜ某が失踪し、自ら死を選んだのか。

理由は誰も知ることはできないままである。

天草五橋（宇城市—天草市）

熊本県の天草諸島は、大小一二〇余の島々からなる。

九州本土と五つの橋・天草五橋で繋がっているのだが、これらの橋を渡るとき、遠くに望む景色は筆舌に尽くしがたい。絶景とはこのことだろう。


イルカが泳ぐ碧い海に囲まれたこの諸島では、日本最大級の肉食獣の化石が見つかった。

歴史面で見ると、南蛮文化の流入、キリシタン関連から廃仏毀釈の影響など複雑さが顔を覗かせる。

また妖怪・油すましの墓や河童の手が残る神社など、不思議の島でもあるのだ。

他にも面白い場所や人、素晴らしい景色は多い。

天草諸島は旅行にお勧めしたい場所でもある。


ただ、心霊スポットと噂される場所も少なくない。

天草四郎が上陸した四郎ヶ浜もそうだ。災害で数多くの人が亡くなっているから、という理由らしいが、それは少々乱暴ではないかと思わないでもない。

他、自殺者関連の十三仏公園。古戦場・富岡城跡、仏木坂《ぶっきざか》古戦場。キリシタン弾圧の富岡の千人塚。天草五橋の第一橋。様々な噂がある。


では、ここで天草五橋の話をひとつ、記録しておこう。


――三十代になったばかりの萩原君は、営業職を生業にしている。

ある年の初秋、同級生の友人を三人乗せ、深夜のドライブへ出かけた。

萩原君以外は、男性ひとり、女性二人だ。


車は宇土市から天草方面へ向かう。時間が時間なだけに、対向車は少ない。ときどきライトを消してみると、場所によっては真っ暗になった。皆大声で騒ぐ。三十になっても全員まだ落ち着いていないのが見てとれる。

天草五橋が出てきた。

橋の照明がポツポツついている。海側の遠くには漁船なのか、それとも他の陸地を走る車のライトなのか、光るものが幾つかあった。

後部座席の女性たちが「何となく寂しい雰囲気」「悲しくなる」と呟く。確かにもの悲しい景色だった。車内のテンションが下がっていく。

そこで助手席の男性友人が少し大きめの声を上げた。

「お！ ほら、もう少ししたら、一号橋に差し掛かる」

一号橋は心霊スポットとされていた。

以前から自殺の名所と噂され、実際に人が亡くなっている。車内はその話で多少盛り上がった。それぞれが知っている自殺の事例や、怪奇的な噂などを口々に語り合う。

「確かこの橋は昔、有料だったのが、今は無料になったんだよね」

友人のひとりが口にする。後部座席からもうひとりが後を継いで話す。

「一号橋近くの、ほら、ホテル。そこも怖いんでしょ？」

その天草五橋ができる前にあったホテルが、天草パールラインホテルだ。

上皇様が皇太子時代に宿泊されたことでも有名である。

だが、ホテルは宿泊客の首つりがあって廃業。心霊スポットになった。或いは一号橋完成後の自殺者絡みの怪異が起こったせいで潰れた、などの噂が流布していた。

が、実際はそんなことはなく、赤字による閉業である。

その後、放火事件で燃え落ち、現在は更地となった。解体前は心霊スポットファンの不法侵入や、暴走族の溜まり場となったことで進入禁止となっていた。解体、整地された後はソーラーパネルが敷き詰められている。

「行ってみたい」

後部座席から頼まれ、第一橋手前を曲がる。

少し下れば、問題のホテル跡地だ。が、当然ソーラーパネル以外に何もない。

切り返ししようと左へ寄り、そのまま方向変換する。

丁度左手に一号橋が来る形になった。

そのとき、助手席の友人が短く叫んだ。

一号橋の方を指差しながら「落ちた」と固い声を上げる。

人間が落ちた、らしい。自殺者か、警察か消防へ通報か。車内が騒ぎになる。ところが、肝心の助手席の友人が冷静に告げた。「ごめん。見間違えだった」。

なんだ、そうだったのかと全員でブーイングを始めた。

「当たり前に考えたら、この距離で、夜で、見えるわけがない」

全員笑って、そこから坂道を上り、そのまま宇土市側へ戻り始めた。今度天草へ遊びに行こう、明るい昼間が良いなと話し合いながらだ。

そのとき——「行くなら、拾ってよ」と後ろから頼まれた。

――という映像があるのだと、萩原君は暗い顔を浮かべる。

彼の車に取り付けられたドライブレコーダーに残されたものだ。

曰く「問題がある」という。何が問題なのか、説明して貰った。

〈まず、行くなら新天草一号橋（天城橋）を渡ると思う。でもその日は古い方へ行った〉

〈映像に橋から落下する影はない。「落ちた」の声のとき、一瞬ノイズが入っていた〉

〈そもそも残された日付の日に天草方面へ行った記憶がない〉

〈友人達とドライブへ出かけたのは事実だが、その日は北上して久留米側へ行った〉

〈全員と記憶のすりあわせをしたが、全員「行っていない」と言う〉

〈日時が狂っている疑いもあったが、それはなかった〉

〈久留米近くに到着したのは三時半過ぎ。出発時間からすると長く掛かりすぎている〉

そして、もうひとつ。


――「行くなら、拾ってよ」の声の主はその場にいない。

いうなれば、五人目の声だった。

少し甘えたような独特の声は女性のもので、萩原君の知っているものだった。

思い当たったその人物の名前は、園田恵里という。

同級生ではないが、ドライブへ出かけた全員と顔見知りだ。

彼女は熊本市内で働いていたが、動画が撮られる一年ほど前に結婚し、東京へ越している。以降、ずっと帰ってきていない上、誰とも連絡も取り合っていない。

だから、レコーダーに記録されるわけがない。

ただし「行くなら、拾ってよ」の直後、意味不明の音声が入っていた。慌てたように短く叫ぶ男性と女性の声が混ざったものだ。途中で切れているので正しくは「ぅあ」や「ぅわ」のような短いものがミックスされて、途中でブツ切れになった、というべきだろう。自分たちの発した声だろうと思うが、確証が持てない。

叫び声の直後、映像そのものも切れていた。その後、ずっとレコーダーは動いていない。運転していれば動作していないことに気付いて再起動を掛けるはずだ。しかしずっとそのままで放置されていた。

映像を確認後、皆で園田恵里へ連絡を取った。

が、メールは返信なし、通話アプリも既読スルーで返答は帰ってこなかった。

藤原君は「恵里が死んでいた、ならまだ怪談っぽいんですが、ただスルーされているだけみたいなんですよね。あの日ドライブした四人全員を」と苦笑いだった。


ドライブレコーダーの映像が入ったＳＤカードは抜き取り、保管した。

もう一度確認するために見直すと、映像と音が飛び飛びになり、途中途中は何も映っていない黒いだけの映像になり果てている。

見る度に映像と音声の欠落が酷くなるので、放置中だ。

因みに、酷くなる前にコピーを試みたが、その度にパソコンが止まるので諦めた。


他に何もなかったかと訊いた。

彼は少し考えて、つまらないことだけど、と前置きした。

「ドライブへ行った全員が、何だかんだで、事故に遭っています」

全て相手からぶつけられていた。中には当て逃げもあった。どの場合もぶつけられたタイミングでドライブレコーダーが作動してなかった。エラーで止まっていたらしい。だから当て逃げの相手は捕まらずじまいだ。

他に何かないか、思いだして貰う。

少し悩んで出てきたのは「事故前に、新天草一号橋を全員で通りました」。謎の映像と園田恵里で生じた厭な気持ちをリセットしたい。どうせなら天草の何処かで楽しいことをしようと考えたのだ。しかしホテル跡と旧第一橋の側は通りたくなかった。だから、新しい橋を使った。正直、どうしてあの動画が撮れてしまった天草方面へ向かったのか、自分たちでも分からなかった。それくらいですと、藤原君は話を締めた。

彼らがあの夜ドライブへ出かけたのは、二〇一九年の九月であった。


二〇一九年、上天草市の橋の上で乗用車が欄干などに衝突。運転していた男性は、事故直後に橋から海へ飛び込み、死亡した。

この橋は一号橋ではなく、新天草一号橋だった。


新天草一号橋から望む海は、今も碧い。

天草市には素晴らしい歴史と文化がある。実際に足を運べば、どれほど良いところが体感できるだろう。

そのことだけは、ここに記しておきたい。

もし車で訪れるなら、安全運転を心がけて下さると幸いである。

佐敷トンネル（芦北郡）

熊本県芦北郡に「旧佐敷《さしき》トンネル」という隧道がある。

八代市と水俣市の中間点、佐敷太郎峠に通っており、田浦町と芦北町を繋いでいた。

明治三十六年に完成したこの隧道は、長さ四三四メートル余、幅五・五メートル、高さ四・五メートルを誇り、当時は九州で二番目に長いトンネルとされていた。

フランス式、イギリス式が混じった工法である煉瓦造りの当隧道は、実に趣深い。

まさに歴史遺産である。

近くには佐敷城跡もあるので、歴史散策に適した場所であると言えよう。


——が、この隧道には心霊スポットの噂もある。

建設中の事故で人が亡くなったからとも言われる。が、明治期のトンネルだからこそ、そういった雰囲気を醸し出しているせいもあるだろう。

「宙に浮く女」「何も居ないのに引っ張られる足」「謎の足音」「原因不明の発光体」「内部に入ると道が二本に分かれるが、間違えると崖から落ちる」「スポット目当てで来た男性が行方不明になっている」などの体験談や情報を幾つか耳にできた。

筆者も日中、夜中に現地を訪れたことがある。

出入り口は昼間ならば明るいが、中はなかなか暗い。路面も滑らかではなく、ところどころに水溜まりが生じているほどだ。寝転がって天井を眺めてみた。風の音か分からないが、唸るような低い音が聞こえる。

続いて、夜の暗がりの中、ハンドライトを持って数度往復してみた。

路面を擦る靴の音が反響する。幾度か期待して振り返ってみるが、何も居ない。

丁度真ん中辺りの煉瓦造りの壁面を撫でてみた。ざらりとした感触だった。明治期に作られた重みを感じる。

そのまま地面に座り込み、目を凝らした。当然何も見えない。

大声を上げて反響させてみても、何も起こらない。

気付くと入り口に車のライトが近付いてきていた。このままだと轢かれてしまう。立ち上がった瞬間、車が急ブレーキを掛けた。跳ねられないようにライトを点け、そのまま両手を頭上で振りながら「ここにいまーす！」と叫んでみた。が、車はそのままバックし、走り去ってしまった。

結局、二時間ほどそこにいたが何も起こらなかった。

後に再訪したこともあったが、そのときも何もなかった。


さて、旧、と言うことは新もある。

国道3号線の新佐敷トンネルである。

ここもまたいろいろな話を聞いた。「入り口の上は元墓場であった」「入り口の上に刀をぶら下げた侍が立っていた」「トンネル内部でフロント硝子に血が垂れる」「真夜中、車通りのない時間帯に血塗れの女が立っている」。

熊本取材だと国道3号線は昼夜問わず通ることになる。流石に旧のように長居できないので通過するときにいろいろチェックしたが、特筆すべきことは皆無だった。

ところが、後日こんな話を伺うことができた。


宮島さんは彼氏に付き合わされて、旧佐敷トンネルを訪れたことがある。

丁度彼女が二十歳を迎えた誕生日の翌日だったから、日にちも良く覚えている。

十年前、八月二六日のことだ。

当時付き合ってきた彼氏はハルトという。

ハルトは流行り物に弱く、かつ、廃墟やオカルトが好きだった。

宮島さんが誕生日を迎えた翌日、昼食後にハルトが「旧佐敷へ行きたい」と言い出した。熊本市街からなら車で高速で一時間半くらいで辿り着ける。

行きたくなかったが、当時は彼氏至上主義だったので了承した。

国道3号線を鹿児島方面へ向かい南下していく。途中出てきた新佐敷トンネルを通り抜けた。ハルトが「ここも出るんだ」と自慢げに怪談めいた話を披露していくが、余り聞かないようにした。怖くなるからだ。

トンネルを抜けた後、なぜか津奈木駅近くまで行き、そこから折り返して旧佐敷トンネルへ向かった。高速を使わないので、優に三時間以上掛かっている。

旧佐敷トンネルまでの道程は平坦ではない。左右に曲がりくねりながら上っていく。途中お地蔵様らしきものを横目に発見したとき、正直帰りたくなった。

旧佐敷トンネルの入り口に近い場所で車が止まる。

側にはコンクリート製の建物があり〈佐敷トンネル換気所〉とあった。

ハルトはスマートフォンを用意して降りた。宮島さんも渋々外に出る。

「写真か動画を撮りながら歩くわ。いや、お前、一度あっちに抜けてからこっちへ歩いてきてくれよ。それを動画にしたら雰囲気出る映像になるけん」

その日、宮島さんはおろしたてのノースリーブのミニワンピースに、ヒールの高いサンダルだった。彼氏のためのお洒落だった。が、彼は「今日のお前の格好、暗いトンネルの向こうから歩いてきてくれたらホラー映画的映像になるやつやけん」としか言わない。

嫌だったが、大人しく入り口に立つ。向こうにポッカリ空いた出口が見える。

少し中に入って、足が竦んでしまった。外の強い夏の日差しのせいで、トンネル内部は酷く真っ暗に見える。もちろん向こう側にも光は見える。しかし怯えが勝った。

「やだ。怖い。行けん」

素直に口に出すと、ハルトは不機嫌さを隠しもせずスマートフォンのカメラを起動する。彼は独りでトンネルに入り、どんどん暗い中を進んでいった。

向こうの出口へ出ると、右側へ折れて姿が見えなくなる。

強い太陽光の元、なんとなく泣きそうになりながらじっとハルトの帰りを待った。

が、いつまで待っても戻ってこない。

不安が頭をよぎった。まさか何かあったのだろうか。連絡を取ろうとして思いだした。宮島さんのスマートフォンはハルトの車に置きっぱなしだ。慌てて車に駆け寄り、ドアを開けようとしたが鍵が掛かっている。窓も開いていない。

トンネルを潜って向こう側へ行かなくてはいけないのか。そんなことを考えた瞬間、後ろから尻を叩かれた。

声を上げて驚き、振り返るとハルトが驚いた顔で立っている。

吃驚したのはこちらだと食って掛かったが、彼は不本意な表情を浮かべた。

「あっちから戻ってくるとき、お前の姿が見えなくなってたけん、どっか行ったんかと思って出口まで来たら、車のとこでなんやらゴソゴソとしとったけん……」

話に食い違いがある。

宮島さんは、さっきまで帰ってこないハルトを心配していた。

ハルトは、戻るときに宮島さんが出口に居ないと思っていた。

「ハルト、右へ行ってから戻ってこんけんが」

「は？　俺はすぐその場で振り返って戻ってきたんだぞ。そしたらお前おらんなってた」

やはりお互いの話が合わない。それに、いつの間にハルトは戻ってきたのだろう。姿を見失ってから車へ戻るまで、彼はトンネル内部にすらいなかったはずだ。

微妙な空気の中、ハルトに促され車に乗った。エンジンを掛け、エアコンを効かせる。

宮島さんがいなくなっていたのは動画を見れば分かる、とハルトがスマートフォンを取り出した。

動画は明るい場所から暗いトンネルへ入っていく。軽く上下する映像の中、ハルトの息づかいと足音が繰り返されていた。

出口の外へ出る。すぐにターンして、来た方へレンズが向いた。

動画を目にしながら、ハルトが声を上げる。

「こんなのなかった」

再生を止めて、指を指す。

出口側に人影があった。

輪郭が異様にぼやけているが、見ようによってはスカート姿に見える。

お前おったんか、なんだあ、俺が間違えていたんか、とハルトはぼやいた。再び画面をタップし、再生が再開される。

映像の中に、こんなハルトの声が入っていた。

『あ？　おらん？　何でや』

近付けば近付くほどブレが酷くなるのか、人影の輪郭が滲むように二重三重になる。

途中でハルトが呟いた。

「あ。でけえ」

でけえ？　大きい？　宮島さんは何の事が分からない。

ハルトは動画をもう一度停止した。そして液晶の人影を指す。

「ほら。比べてみ」

宮島さんも理解できた。

トンネルの天井と比較して、人影はかなり背が高かった。多分、成人男性よりだいぶ大きい。

だとすれば、身長がさほど高くない宮島さんではないことは確実だ。

ハルトは興奮した口調で喜んでいた。誰それに自慢してやると言っていた。

宮島さんにとってはただ厭なものを見させられた、来させられたという意識しかない。

だから、怒った。早く家まで連れて帰れとハルトに命じる。これまで素直で従順だった彼女から食って掛かられてせいか、彼はすぐに熊本市内へ向けて車を走らせ始めた。


この日を境にハルトと喧嘩が多くなり、別れることになった。

だからあの日の動画がどうなったのか、顛末は知らない。

共通の友人からもトンネルの動画を見せられたという話は出てこなかった。ハルトが自慢しようとしていた人物が誰だったのかも分からぬままだった。

後年、歴史好きの彼氏と付き合ったとき、彼に誘われて旧佐敷トンネルを再訪したことがある。その時、彼は様々な歴史の知識を披露してくれた。このトンネルにどのような歴史背景があるかなど、実に面白かった。だからか分からないが、欠片も恐れることなく一緒にトンネルを往復できた。彼も写真を撮っていたが、何もおかしなものは映らなかった。


そして一年ほど前、二〇二二年だ。

ハルトのことで少しだけ気になることを耳にした。

〈ハルトは、この一年くらいやたらと国道3号線を往復している〉

これはハルト本人から聞かされた複数の友人の証言だ。

真夜中、3号線を南下し、日奈久《ひなぐ》でUターンして帰ってくる。

気分転換かと聞いた知人がいた。しかし答えは違った。


俺、ほら、運び屋やけん。


そういってハルトは、詳細なルートを口にする。

新佐敷トンネルを抜け、日奈久へ行き、とって返して旧佐敷トンネルへ行く。そしてまた国道3号線へ戻り、熊本市街へ戻る。

〈車に乗せて欲しがっとるのが多いけん、一週間に一度はいかんといかんのよ〉

旧佐敷トンネル入り口。向こう側に出口が確認できる（著者撮影）

〈それらをね、日奈久と新佐敷と旧佐敷のをね、下通りまで連れて行かんといけんが〉
誰を乗せるのかとその知人は訪ねた。
ハルトは押し黙った。そそくさと席を立つと、そのまま帰ってしまったという。
今もハルトは3号線を往復しているらしいですと、宮島さんは言う。
彼が乗っている車種と色も教えて貰った。が、ここでは秘すことにする。

熊本と卑弥呼、クコチヒコ

古代日本に関する中国の正史「魏志倭人伝（三国志　魏書東夷伝倭人条）」。

この魏志倭人伝に記された国・邪馬台国、そして女王・卑弥呼は今も謎を投げかけている。

邪馬台国は何処にあったのか。卑弥呼の墓所は何処か。魏から渡された金印は？

識者達の議論は続き、未だ答えが出ていない状態である。

だが、二〇二三年には佐賀県の吉野ヶ里遺跡から出土した石棺墓が「女王・卑弥呼の墓ではないか」とニュースが流れ、大騒ぎになった。


古代、この邪馬台国と争っていたクニがある。

邪馬台国より南にある狗奴国だ。狗奴国は男王・卑弥弓呼《ひみここ》を頂き、その官に狗古智卑狗がいる。狗古智卑狗――クコチヒコ、或いはクコチヒク、という。

狗奴国は何処で、クコチヒコとは何者か。

狗奴＝球磨など数々の説の中に「菊池市周辺、菊池川流域辺りが狗奴国だ」と言うものがある。

そもそも菊池は古代にククチ、と読まれていた。平安時代に編まれた辞書・倭名類聚抄に「菊池は久々知（ククチ）」と注釈が入っているのである。

ククチ。ククチ。菊池、だ。もし菊池市が狗奴国であるなら、古代日本において重要な地であったと言える。また、クコチヒコが菊池彦で土地の名を冠しているとするならば、狗奴国で重用されていた官吏であった可能性が高い。

更に調べていくと、狗奴国は弥生時代に存在していたクニとあった。

菊池川流域には〈弥生時代の大集落遺跡群〉が存在する。この遺跡は玉名市、山鹿市、菊池市、和水町に渡って発見された。狗奴国は菊池川流域にあったという説から単純に考えると、この大集落遺跡郡は狗奴国と無関係とは言えないのではないだろうか。一例を挙げると、菊池市の小野崎遺跡・うてな遺跡は弥生時代後期のもの。狗奴国は弥生時代後期に存在していたとされている。時代的に合致しているのだ。

しかし狗奴国はどうなったのだろう。

滅んだ、邪馬台国に吸収された、等の他、熊襲《くまそ》や隼人《はやと》に継承されたという説も存在する。どの説にせよ、未だ狗奴国も邪馬台国と同じく謎に包まれている。

菊池市周辺を訪ねるなら、是非古代日本のことを想像して欲しい。

もしかしたら、新たな発見があるかもしれない。

森と水、そして銀杏の城

熊本エリア

森の都、水の都——熊本市。
熊本市を中心にした周辺の地域は、
様々な顔を見せる。
蒼天にそそり立つ熊本城は、
威風堂々と市街を見下ろしている。

内大臣橋　その1（美里町―山都町）

美里町と山都町の街境に緑川が流れる。その川の上に渡されているのが、内大臣橋だ。長さ一九九・五メートル。道幅五・五メートル。高さ八十八メートルを誇る。

内大臣橋は一九六三年、内大臣峡の入り口に架橋され、当時は東洋一のアーチ橋と称された。アーチの中間に道路を通すという珍しい宙路アーチ橋である。

なぜ〈内大臣〉橋なのかといえば、地名由来である。

平家伝説が元になっており「壇ノ浦の合戦で敗れた平家の落人が、この深山の渓谷に隠れ住んだ。この落人達は〈小松内大臣・平重盛〉を祀ったという（現在山都町に鎮座する小松神社に祀られている）。

日本全国に平家の落人伝承は様々な形で残る。その内のひとつがここ内大臣なのであり、地名となって残ったのだ。

内大臣橋は一九九九年から二〇〇〇年に掛け、現在の橋梁規格に沿った〈欄干のかさ上げと転落防止柵の設置〉が行われた。

そう。内大臣橋は飛び降りと転落事故が起こっていた。

橋のたもとには地蔵尊と慰霊碑が並んで建立されている。

また、一九七〇年に赤色に、そして前述の橋梁規格に合わせた工事で現在の淡い藤色に塗り替えられている。塗り替え理由はイメージを変えるためと、人命尊重と言う。赤色は飛び降りを誘発させると言われることがままある。

考えてみれば、同じ阿蘇エリアに掛かっていた〈阿蘇大橋（通称赤橋）〉も同じ理由で赤色から塗り替えられている。人が飛び込まないように、と。そう。内大臣橋も、かつての阿蘇大橋も自殺の名所としてまことしやかに語られる橋なのだ。

当然のように両橋は心霊スポットと化した。特に阿蘇大橋が熊本地震で落ちてからは、内大臣橋が心霊スポットマニアの耳目を集めているようである。

事故・自殺者の霊が出る。人の声や叫び声が聞こえる。歩いていると足を引っ張られる。橋の下へフラフラ寄ってしまう――橋にありがちな心霊譚であるが、枚挙に暇がない。

今もマニアたちが足繁く通っているとも聞く。

――のだが、こんな話を耳にした。

阿蘇エリアに住む工藤さんは、内大臣橋を仕事で通ることが少なくない。

彼は以前から様々な噂を聞かされていたが、そういう類いのものを一切信じていないタイプだ。早朝だろうが日中だろうが真夜中だろうが、平気で橋を渡っていたという。

ところがあるときから自分でも意外なほど、内大臣橋を渡るのが嫌になってきた。

心霊譚が原因ではない。入り口に差し掛かると急に落ち着かなくなるのである。

腰の後ろ、その下辺りから前方の肋骨に掛けてぞぞぞと何かが這い上ってくるような不快さが襲ってくる。と、同時に車を直進させてはいけない感覚を覚えた。

曰く「歩行者天国になった道路で、大量の人間が歩いているのにも拘らず車を突っ込ませるような感覚」。

当然橋の上に人はいない。それでもそういった「タブーを犯すような」気持ちになってしまい、途惑ってしまうのだ。

流石に何も、誰もいないので、気を取り直して通ることを続けた。

ところが異変を感じ始めてから一ヶ月も経たない内に、橋を渡りきって少し進んだ先で車が故障し、止まってしまった。

電装系とエンジン部のプラグ関係が原因だった。加えて、「前車検を通したばかりなのにタイヤの劣化が酷い上、車検時に交換したエンジンオイルの減りが異常だ」とディーラーの修理担当が首を捻っていた。

車の修理完了から一週間程後、ある夜中のことだった。

美里町側から山都町へ抜ける方向に運転していた。曇りではなかったはずだが、月や星が出ていたか覚えていない。時計は午前一時を回ってすぐだった。

切り立った左右の崖に挟まれた道を右にカーブすると、内大臣橋がやってくる。

両側に車が停められるようなスペースがあるが、その右側に地蔵尊と慰霊碑が佇んでいた。何もないが、何となく目を背ける。

橋の入り口に差し掛かると、またあの感覚が襲ってきた。

居もしない沢山の人がいる中に車を乗り入れるタブー感と、腰から肋に這い上る違和感だ。早く通り抜けようと工藤さんはアクセルを踏み込む。

アーチの頂点辺り、橋の中頃に差し掛かる前だった。

頭上を渡るトラス構造の鉄骨、そこが気になった。

目を凝らすが何もない。再び進行方向へ目を向けた。

変な声が出そうになった。

橋の左右にある手摺りの下から、ごく薄赤い靄のようなものがさーっと流れ出てくるのを見た。まるでステージで焚かれるスモークのようだった。

早くここから抜けないといけない。ただそれだけで車を進ませる。アクセルを踏んでも空回りしたようになって速度が上がらない気がした。

やっと橋を渡りきり、そのまま逃げるように車を走らせた。

もちろん、ルームミラーを覗くことなどできなかった。

翌日か翌々日に分かったが、エンジンオイルが考えられないレベルで減っていたという。


それ以来、工藤さんは車に高千穂神社の御守りをぶら下げるようになった。

神社にすら足を運ばない彼であったが、今回ばかりはそうも言っていられないと感じたらしい。最初は阿蘇神社を訪ねる予定だったが、当日、単なる思いつきで高千穂神社へ行くことになった。

授かったのは交通安全と開運招福の御守り二つである。

その後、車に異常は起こらないようになった。

そして、余程なことがない限り、日が落ちてからの内大臣橋は渡らないと決めた。

工藤さんが内大臣橋に違和感を抱いたのは、熊本地震の本震から三年は優に過ぎていた頃だったと言う。突然のことで、今も腑に落ちていないらしい。

阿蘇大橋が落ちた後、車の流れが変わったと彼はいう。それは阿蘇大橋を通行できなくなったことに関係していて、もしかして内大臣橋の一件は——と彼は言い添えた。

内大臣橋　その2（美里町—山都町）

内大臣橋は心霊スポットと噂されている——とその1で書いた。

ただし「単なる噂で、スポットではない」という人も多い。

実際、取材をしていると、内大臣橋を繰り返し通っていたが、何もなかったという人物も存在する。それこそ熊本地震前、後の両方で、だ。

その1の工藤さんのように最初は何もなくても後に何事が体験する、ということもなく、今も内大臣橋を通り続ける人はいるのである。


伊藤さんも元はそのタイプだった。内大臣橋を通っても何もなかった。

とは言え当時の彼はまだ大学生で、内大臣橋を通るようになったのもまだ一年に満たない。加えて、バイクのツーリングで偶に渡るくらいである。

ただし、彼のバイク仲間の中に「内大臣橋で少し変なことがあった。やっぱりあそこはマジ（心霊スポット）やけん」という者が数人存在している。

橋を渡っていると、バイクのフロントが左右に引かれる、タンデムシートに加重が掛かっているような感覚に陥る、ミラーに一瞬何かが映る、等いろいろだ。とは言え、二度と通りたくないというレベルではなく、時々橋を走り抜けては後から話題の種にする連中も多かった。

伊藤さんも同じくであったが、いつも「何もなかったから、あそこはただの噂でしかないけん」としか話せなかった。

令和五年五月八日以降、伊藤さんはバイク仲間と出かけることが増えた。

世界的疫病が五類へ移行したからだ。

立ち寄った先でもノーマスクの人が増え、いろいろ楽になって嬉しかったという。

それから六月に入り、異様なほど気温が高くなった。中旬から月末に掛けて三十度を越える真夏日が何度もあったほどだ。

それでもバイクで走り回っていたが、流石に涼しそうな場所を目指すことが多くなった。

例えば阿蘇だ。清冽かつ美味しい水が湧出する白川水源や、阿蘇の外輪山などを巡る。なかなかよいコースだと自画自賛をしていた。

六月も終わる頃だった。バイク仲間と晴れ間を狙って阿蘇へ走った。

阿蘇の道の駅で美味しいソフトクリームを一度に三個ほど食べ比べる。生産牧場違いの三種類はそれぞれ味わいが違った。胃腸は強いので腹は壊さなかった。道の駅の後、バイク仲間が「内大臣橋行くか？」と訊いてくる。涼しくなりたいなら、怖い場所へ行こうという狙いだ。しかし伊藤さんにとっては単なる橋でしかない。暑い中わざわざ行きたくないとストップを掛けた。

その後は熊本市街方面へ出て、ハンバーガーを食べて終わった。

――が、その日から毎日おかしな夢を見始めた。

内大臣橋の夢だ。

なぜか歩いて渡っている。空を見上げるとトラス構造の鉄骨の向こうに厚い雲が垂れ込めていた。そのせいか周囲は薄暗い。大雨が降る直前の空模様だろうか。

何度か往復していると、橋の下から突風が吹き、空の雲が更に暗さを増した。

空が破れたように大雨が降り出し、前が見えなくなる。あっという間にずぶ濡れだ。強い雨脚に耐えながら周りを見た。

谷底を流れる川面が、橋梁下部すれすれまで上がってきていた。大雨のせいだと思った。現実には大雨が降ろうが、そこまで水面が上がることはない。だが、夢の中ではこうもなるだろうな、と納得したのだ。

橋の下をドウドウと流れる川を眺めながら、ああ、もう内大臣橋も押し流されるな。ここに居たら、駄目だなと思って――目が覚めた。

ボンヤリした頭で起き上がると、毎回早朝の時間帯だったと言う。

夢を見なくなったのは、七月上旬。確か、熊本県を含めた九州で線状降水帯などによる大雨が始まった時期だった。異常なほどの大雨が夢の内容を思い出させたことで、強い印象となって記憶されたのだ。

そして七月中旬、バイク仲間のひとりから連絡が入った。

『俺、危うく死ぬところだったよ』

大雨でか、と訊けば相手は違うと答えた。

雨続きの合間、短い晴れの日にバイク仲間はなぜか内大臣橋へ向かった。

朝から強い衝動があった。兎に角行かなくちゃ、内大臣橋に、とただそれだけだ。

バイクで走り出したが、自宅から出て僅かな距離で転倒してしまった。

速度がさほど出ていなかったことは幸いだったが、倒れ込んだ先でトラックに轢かれ掛けた。少し間違えていれば、ヘルメットごと頭をタイヤに踏み潰されていたかも知れない。

呆然としている最中、痛みがやって来た。

すでに内大臣橋へ向かう気は綺麗さっぱりなくなっていた。

『お陰でバイクのカウルは割れるわ、怪我するわ、散々やったけん』

労りの言葉を伝えながら、ふと夢のことを思いだした。

バイク仲間に話して聞かせると彼は少し黙って、ポツリと吐き捨てた。

『……もう、内大臣橋、俺は行かん』


伊藤さんからこの話を聞いたのは、二〇二三年七月下旬。

その後、彼は内大臣橋を訪れていない。ただし、何時までも行かないのではなく、単に行く機会がないだけだ。

もしまた橋へ行って何かあったなら教えると、彼は約束してくれた。

坂本村（八代市）

熊本県に坂本村という村があった。

球磨川に貫かれるような位置にあったこの村は、二〇〇五年に八代市に合併された。

現在も坂本の名は町や駅、温泉などに見ることができる。

例えば、国道219号線沿いにある道の駅は「道の駅　坂本」だ。

仕事休憩やドライブ途中に客がほっとひと息つける場所で、日中は沢山の人々で賑わっている。夜も仮眠や一夜の車中泊を求めた客が少なからず集う場所でもある。

この道の駅坂本に纏わる話を少し記したい。

真夜中、そこに

大学生時代と言うから、二〇一〇年代だ。

平野さんは友人と九州一周のドライブ旅をしていた。

宿泊施設を使うとお金が掛かるので、できるだけ車中泊でしのいでいたという。

季節は九月の中頃で、まだ暑い。窓を開けても汗が止まらないくらいの熱帯夜の日もあった。だから寝るときはそのままか、上着を被る程度でも何とかなった。


国道3号線を南下し、途中で国道219号線へ入る。

すでに午後十一時を回っていた。高速料金も節約したいので、このまま人吉市へ抜けるつもりだった。しかし普通車とは言え流石に運転にも疲れてくる。左手側にあった道の駅坂本で休憩か仮眠、或いは車中泊しようとなった。

平野さん達が駐車場へ入ると、数台の車が止まっている。

一番目立つのがキャンピングカーだ。後は軽のワンボックスや普通の乗用車である。

邪魔にならないよう、駐車したらすぐにライトを消した。

暗い車内でスマートフォンのライトを頼りにコンビニパンを食べる。

人吉にもよい温泉があるらしいから、立ち寄って疲れを癒やそうと相談していると、駐車場から車が数台出て行った。見ればキャンピングカーだけが残っていた。

平野さんと友人は外に出て、大きく手足を伸ばした。その後、トイレを済ませた友人が球磨川の方を指差す。

「夜の球磨川に涼みに行こう」

それも風情があるなと同意し、物産館を右手に見ながら川縁へ向かう。

音を立てて球磨川は流れていた。

月明かりのせいか、完全に見えないことはない。暗い川の中に大きめの中州が黒々と浮かんでいるのが見て取れた。

明るいときならもっと詳細な風景が楽しめるのだろうなと平野さんは残念に思った。

その時、左手側で何かが動いた。

光だった。

少し紫がかった青白い光球である。それが対岸側の川面すれすれを滑るように飛んでいく。緩やかに明滅しているので蛍の光に似ていると感じた。が、それよりずっと大きい。感覚で言えば、ソフトボール大はあった。

だが、あれだけ川面に近いはずなのに光は水面に反射していない。

目の前を過ぎると、光の球は速度を上げる。あっという間に下流側へ遠ざかり、小さくなって消えた。

「おい、あれ見た?」

隣の友人に声を掛けると、彼は「見た」と強ばった声を上げた。あの光なんだろうな、と問えば、友人は素っ頓狂な大声で返す。

「違うだろがッ！」

友人が見たのは、人影だった。それも六人くらい居たらしい。

曰く「対岸の近くの方だった。大きさは小学校中学年くらいを想像させた。すんなりしたシルエットで、頭は小さく、腕は細い。足は膝から下が水の中で、太股までしか見えなかった。これもほっそりしていた」。

その影は両腕を不自然に大きく前後に振りながら、下流に向かって行く。まるで行進のような動きだったが、なぜか頭が上下していない。

影たちは友人の前を過ぎるとツーッと速度を上げて小さくなって消えた。

平野さんが見た光の球と同じような感じだろうか。しかし球の方はひとつしかなかった。

「なんか、やだよ、俺」

友人は逃げるように車の運転席へ乗り込む。ここにはいられないから、このまま人吉市へ向けて夜通し走ろうと彼は駄々を捏ねる。

あまりの怯え方だ。平野さんは冷静に答えた。

「でも、それだとお前の見た影が進んだ方へ行くことになるけど」

ああ、そうかと友人は少し落ち着いた。八代市側へ戻るかどうするか相談したが、ここまで来ているのだから勿体ない、ガソリンも使ったのだからと留まることを決めた。

一睡もせずに一夜を過ごしたが、あれ以降何もなかった。ただ、二人が知らないうちにキャンピングカーが居なくなっていた。

日が昇る頃、一台の軽トラックが入ってきたので何となく安心して車を駐車場から出した。

球磨川に沿うように走ったが、何もおかしなことはなかった。

落ち着いてから調べてみたが、道の駅周辺にそれらしき曰くは発見できなかった。

平野さんと友人は自分たちの疲れが引き起こした幻覚だった、ということにしている。

真夜中、あそこに

当時、米村さんには遠距離恋愛の彼女がいた。

熊本の大学で彼女と出会い、交際を始めた。それぞれの就職先が熊本県と宮崎県と遠く離れたが、恋愛を継続することを二人で決めたという。

最初の半年はそれなりに問題なく付き合っていたが、次第に彼女の言動がおかしくなっていった。俗に言う〈病む〉というものだ。

勝手に疑心暗鬼に陥り、突発的に「死ぬから」と真夜中に電話をしてくるのは日常茶飯事だ。相手に死ぬつもりがないことは分かっているので、兎に角宥めるしかなかった。

ところがあるとき、本当に手首を切られた。

もちろん浅い傷であったが、突然送られてきた血塗れの手首の写真を見た彼の衝撃はいかほどばかりだったか。当人にしか分かり得ない。

これ以降、彼女への対応に細心の注意を払うことになった。少しでも拙い事態になりそうだと思えば、車を走らせて宮崎市へ向かう。彼女の部屋へ行き共に過ごした後、平日なら出社のためにもう一度熊本市まで戻る。

三ヶ月ほど同じことを繰り返していたが、流石に限界が来た。

まず寝不足や疲れだ。加えて遅刻も増え、会社でケアレスミスを繰り返すようになった。そればかりか、居眠り運転で危うく人を轢き殺し掛けたこともあった。

また、高速を使って宮崎市へ行っていたが、料金も馬鹿にならない。新卒の給料では賄えなくなってくる。仕方なく下道を使うのだが、当然時間が掛かった。それが疲労と睡眠不足に拍車を掛けた。

まだ寒い二月だった。

米村さんはまた彼女の元へ向かっていた。その日も下道を使う。幸いなことに凍結はなかった。安心して速度を上げられる。

八代市からだと球磨川沿いを進み、人吉ループ橋へ抜ける道が最適解だ。今回は翌日が土曜である事だけが救いだった。

車の時計は午前零時を少し回っている。中古で買った普通車の走行距離はすでに十万キロを越えていた。彼女のせいで加算されていることは明白だった。

車内ではいつものように彼女とスピーカー通話を続ける。

死にたい、死ぬ、を繰り返す彼女を説得しながらの運転はかなり疲れる。こちらから切れないが、偶にあちらから「電話止めて、運転に集中してね。気をつけてね。待ってるね」と通話を終了してくれることもあった。その日は出発して割合すぐ切ってくれた。

いつもの道を進むと、道の駅坂本手前に差し掛かる。少し尿意があった。この先は長い間コンビニはない。外で用を足せないことはないが、それは避けたかった。

道の駅のトイレに立ち寄った。

駐車場には何台か車が止まっている。休憩か車中泊だろう。

構わずトイレに近い場所へ斜めに止めた。

寒さに震えながらトイレへ入るが、電灯のスイッチが分からない。前もそうだった。真っ暗な中で用を足した。体と心の疲れで、感覚は鈍っている。ぼんやりしながら放尿していると、突然彼女のとの関係に嫌気が差した。これから宮崎市へ行くなど、馬鹿げている。なぜいつもこちらが苦労せねばならないのだ、と怒りが湧いて来る。

彼女と別れよう。別れたらもう他人なのだから、死のうが何をしようが関係ない。トイレを出たらすぐにメッセージアプリに『別れる』と入れてブロック、他の連絡手段も拒否だ、と彼は決めた。彼女はこちらのアパートを知っているが、それはそれだ。

急に身体が軽くなった。気力が湧いてくるような気もする。

小便器の前で、思わず意味のない大きな声を上げた瞬間だった。


――しゅうっ。


米村さんの大声に呼応するように、右斜め後ろから声が聞こえた。

咄嗟に振り返る。誰もいない。

声の感じは男だった。口を尖らせて鋭く呼気を吐き出したような声だった。トイレ内部だから若干の反響もあったが、自分の右後ろから発されたとしか思えない。

――しゅうっ。

また同じ声が響いた。トイレの出入り口からだった。だが、何の姿も見えない。人ではなく、野生動物、例えば鳥や猿などだろうか。

そっと外へ出る。

川のせせらぎが響く中、自分の車があった。変わらず斜めに停車している。

やはり聞き違いだったのだ。ふと、遠くに止められたキャンピングカーが目に入った。

そのフラットな屋根部分で何かがチラリと動いた――ように感じた。

実際は何もないし、動くものもない。

しかし、その真っ直ぐなラインが波打っているように思えて仕方がない。目で見ているものは動いていないのだが、脳は動いていると捉えている、と言えば良いのだろうか。

初めての体験に狼狽えていると、突然脳内のみの浪打《なみうち》が止まった。

離れたキャンピングカー内から、僅かな物音が伝わってくる。

ややあって、くぐもった男の声が一度だけ聞こえた。呻くような声だった。

また静けさが戻ってくる。

言いようのない怖気が身体を這い上って来た。慌てて車に飛び乗る。

バックしていると、ルームミラーに他の車のライトが見えた。特徴的な形をしている。

すぐに、あのキャンピングカーだと理解できた。

駐車場を飛び出す。なぜか宮崎県側へ走り出してしまっていた。何度も運転をしていたから、慣れで間違ってしまったのかも知れない。

ミラーを覗くと、キャンピングカーのライトが遙か後方で光っている。

追ってきているのか。米村さんは必死にハンドルを操った。球磨川沿いは道幅の広いところと、若干狭くなっているところがある。対向車とすれ違うにも気を遣わなくてはならない場所もあった。

キャンピングカーは何時までも同じ方向へ走ってくる。つかず離れず、一定の距離を取っていた。スピードを上げて振り切ろうとしても、それは変わらない。

が、キャンピングカーは人吉市へ入る前で突然姿を消した。

途中で曲がったのかどうかも分からない。

ほっと安堵した途端、車が激しく揺れ、突然止まった。

制御しきれない。電柱にぶつかる寸前、車体は停止した。間一髪だった。

再始動してみるが、ウンともスンとも言わない。

エンジンブローのせいだと分かったのは後のことである。

彼女に電話を掛けた。車が壊れたから行けないと伝えると、彼女はあっさり引き下がる。

いつもは何事かグダグダと駄々をこね、我が儘を通していたはずだ。後から考えるとおかしなことだったが、そのときはただ「良かった」とだけ思った。

車が壊れた翌々日、米村さんは彼女に別れるための電話を掛けた。なぜか男が出た。

『お前、誰？』

彼氏だが、と答えた。後ろから慌てたような彼女の声が聞こえる。

彼女は部屋に別の男を引っ張り込んでいたのだ。お陰で綺麗に別れることができた。

その後、彼女が周りに何を吹聴していたか、どうしていたかを共通の知人から伝え聞いている。彼女は米村さんを完全に悪者にしていた。「アイツが浮気をしたから別れてやった」的な内容だったらしい。事実を知る友人達が否定しても、彼女は嘘を止めなかった。そのうち三人ほどの男たちと交際トラブルになったところまで耳にしたが、あとはよく知らない。

それより、あのキャンピングカーのことが気掛かりだった。

廃車にしたとは言え、自分の車のナンバーは見られている。何かの手段を講じていつか自分の目の前に現れるのではないか、そして何か危害を加えてくるのではないか、そればかりか異様な出来事が起こるのではないか……そんな妄想が浮かんで仕方がない。

普通に考えれば米村さんには何の非もない。しかし、不安に苛まれてしまう。

その後、縁あって熊本市内の別の会社に転職、そして転居して漸く落ち着くことができた。

転居から数年が経ち、移動が自由になったときに道の駅坂本へ行ってみた。

新しい彼女と訪れたそこは、とてもよい場所だった。

球磨川を眺めながらあの夜のことを思い出す。が、あれは今となっては当時の身体と精神の疲れから聞いた幻聴などであり、キャンピングカーも偶々あのタイミングで同じ方向へ走ってきたのだろう。彼はそんな結論を下した。

が、二度と夜中の道の駅でトイレはしないと決めている。

金峰山（熊本市）

熊本市西区の山、金峰山。

一ノ岳、二ノ岳（熊ノ岳）、三ノ岳、荒尾山を含む外輪山の総称を金峰山という。

一般的には一ノ岳を金峰山と称すことが多い。

金峰山は一ノ岳を中心とした二重式火山である（現在は活動していない）。

山頂には展望台があり、有明海から島原半島、天草諸島を眺望できる。当然、夜になれば夜景を楽しむ客も多い。


この金峰山が心霊スポットだとまことしやかに囁かれている。

居る筈もない老婆や黒い影、白い影、人魂、首なしライダーが現れるという。元々姥捨て山だったから老婆が出るのだという説も流布しているようだ。

が、一方では「霊山なのだから、心霊スポットである訳がない」とされる。

確かに山頂には金峰山神社が座している。

元々飽田山と呼ばれていたこの山に、淳和天皇が奈良から金峰山蔵王権現を勧請し、金峰山と名を改められた。天長九年（八三二年）のことである。

金峰山蔵王権現は〈金剛蔵王菩薩〉とも呼ばれ、山岳修験の本尊である。密教の明王のように荒々しい姿で表される。

現在は金山毘古、金山毘売、安閑天皇が祀られている。加えて、巨石群による宗教遺跡（拝ケ石巨石群）に加え、五百羅漢のある雲巌禅寺が存在しており、古来から信仰を集めているのだ。因みに蔵王権現の利益は〈諸災祓い、怨敵退散、所願成就、家内安全〉とも言われる。このような霊山において、怪しい存在が跋扈できるだろうか。

また、かの宮本武蔵が五輪の書を記した霊巌洞も金峰山にある。

更に文豪・夏目漱石の小説「草枕」に出てくる峠の茶話もこの山にあった。現在は峠の茶屋公園となっており、展示された資料を見たり、飲食店で名物・だご汁などを食したりすることが可能だ。歴史、文化、伝承、食。様々な面を持つ火山であると言えよう。


この山で夜景を眺めたカップルがいる。

森顕士さんと藤本絢音さんである。

世界的疫病が五類へ移行する前だ。飲食や移動などに関し規制などがすでに緩和された時期で、春の足音が近付いてくる頃だった。

夜景が楽しめる頂上付近は周遊道路になっており、車の流れを制限することで安全に上ることができる。

駐車場に止め、二人は頂上へ向かう。トイレなどの施設を横目に辿り着いた先は屋根のある展望台で四阿風だ。幸いなことに自分たち以外誰もいない。

眼下には熊本市街の明かりが美しく煌めいている。

顕士さんと絢音さんは、身を寄せ合って夜景を眺めた。そのうち、絢音さんは夜景をバックに二人で写真を撮ろうと言い出す。

スマートフォンでチャレンジするが、どうしても手前が暗くなったり、夜景が上手く写せなかったりと失敗続きだ。

何度目かの挑戦の時、絢音さんが小さな声を上げた。

「誰かおる」

顕士さんが目を凝らすと、自分たちが歩いてきた方角から黒い人影が登ってきた。

全体的なシルエットからして少し背が高い男だった。

よくよく見れば、その横に小柄な人影もある。自分たちと同じくカップルなのだろう。

何となく興を削がれ、顕士さんたちは展望台を下りた。

擦れ違うとき、悪臭が鼻を突く。

何日も風呂に入っていないような垢じみた臭いだった。臭気の元は男のようだ。相手をよく見れば紺か黒のドカジャン（防寒ジャンパー）にダボついたパンツ姿だった。工事現場にいそうなコーディネイトである。髪は伸び放題だ。癖っ毛なのかそれともパーマが掛かっていたのか、所々左右に跳ね、おかしなスタイルになっている。

途中、もう一度振り返ると、男の影が展望台付近にあった。

だが、連れの小さな人影はどこにもなかった。柱の陰になって見えないのだろうか。それとも、他に理由があるのだろうか。分からない。

二人は駐車スペースまで戻り、車に乗り込む。ゆっくり発進しつつ、顕士さんはあることに気付いた。

（車がない）

あの男たちが乗ってきたであろう車両が見当たらないのだ。まさか下から歩いてきたのか。そんな距離ではないはずだ。絢音さんに話すと「ホントだ。他の車ないよね」と訝しげな声を上げる。

なぜだろうかと話ながら、顕士さんの車は山を下った。下まで辿り着くと、熊本市街を目指す。特に何もなく市街地まで戻ってこられた。

チェーンの飲食店で食事を終え、駐車場から車を出す。

少し進むと信号が赤になった。横断歩道の手前で止まる。

絢音さんが、顕士さんの左腕を軽く叩いた。

振り向くと、窓の外を指差している。

コンビニや飲食店の横を、何人か通行人が歩いていた。

その流れの外に、少し背の高い男のシルエットがあった。

佇むその姿は、ドガジャンにダボついたパンツ姿で、頭は癖ッ毛だった。

まさか——そんなことを思う前に、男は歩道からこちらへ向けてゆっくりと歩いてくる。

絢音さんは小さな声で繰り返し叫んだ。

信号が変わる。顕士さんは急いでアクセルを踏んだ。

あっという間に男がいた場所から遠ざかった。

が、後に絢音さんが言う。「男が片手を伸ばしていた。あと少し遅かったら車のドアを開けられとったかもしれんかった」。

その晩、二人は顕士さんのアパートで一睡もできなかった。

起きている間中、口に上るのはあの男のことばかりだ。しかし、その顔全体が思い出せない。唯一彼らが覚えていたのは「異様に釣り上がって細い目をしていた」ことだ。

下まぶたのラインは真っ直ぐで、上まぶたはキツい弧を描いている。左右の眦がそれぞれギュッと釣り上がっており、まるで人を嘲笑しているような感じの目だった、らしい。

幸いなことに男がアパートまで追いかけてくることはなかった。

ただ、それから二週間ほどあの男が放っていた悪臭が二人の車それぞれに充満し続けた。

乗り込むとすぐに分かるほどの強い臭気で、換気をしても消臭剤を使っても取れない。

お互い車を使う度にあの夜のことを思いだしてしまう。

神社で御祓いでもして貰うかと話し合う最中、急に臭いが消えた。

二人ともただ首を捻るほかなかった。


取材の途中で、疑問点を幾つかぶつけてみた。

まず、横断歩道前で男を見たときのことだ。目にしたのは男だけで、展望台で見た小柄な人影はなかったのだろうか。

二人は頷きつつ「驚いたから見落とした可能性がある」と言った。

続いて、その小柄な人影のことだ。少し背の高い男の方は悪臭含め服装など覚えている。が、小柄な人影についての詳細はないだろうか。

顕士さんは、小柄な女性だなと思ったくらいで、細かい部分は分からない。ただ、ベリーショートでパンツスタイルだな、と言うくらいだった。

絢音さんも似た内容だったが、こんなことを言い添えた。

「なんか、こちらから顔を背ける雰囲気があった」

そして、もしかしたら女性じゃなかったのではないか、と言う。根拠はないので断言はできないが、と彼女は自信なさげだった。


後日、顕士さんから連絡があった。あの晩見た、男の目についてだ。

ネットで見つけたある事件の加害者の目に、とてもよく似ているので参考にして欲しいとのことだった。

改めて調べて見ると、確かにとても釣り上がった目だった。

熊本城の七不思議

名城、熊本城。

熊本地震で受けた被害から、徐々に復興が進んでいる。

未だ傷跡は残っているとしても、是非足を運んで頂きたい場所のひとつだ。


この熊本城には七不思議が伝わっている。

ただし、様々な組み合わせのパターンがあるので「これが熊本城の七不思議である」と決められないのが悩みどころだ。

例えば「不開門《あかずのもん》・山伏塚・空井戸・首掛け石・数奇丸の石・清正石垣・大銀杏」の七不思議。或いは「不開門・法華坂の重箱婆・銃くれ井戸・数寄屋丸の地図石・首掛け石・大銀杏・昭君の間」の七不思議。

これだけでもかなり違うことが分かるだろう。

加えて、共通する不思議の名前でも、それぞれ違う内容のこともある。

これこそが「熊本城の七不思議のひとつ」かも知れない。

この不思議の中でも有名なのは「大銀杏」だろうか。

加藤清正公が籠城戦に供え、食料として銀杏を植えた――というのは、後に創られた俗説であるらしい。籠城に供えて増やしたのは井戸であった。

ただし、大銀杏に関してはこのような話もある。

加藤清正公が熊本城築城時に銀杏を植え、こう言った。

「この銀杏が天守と同じ高さになれば、この城で兵乱、戦が起こるだろう」

銀杏が天守と同じ高さになったのは、西南戦争で熊本城が戦場になったときである――

と伝えられている。

因みに現在の銀杏は二代目である。


ざっと紹介してきたが、熊本城には他にも不思議や歴史の逸話が存在する。

熊本城へ足を運んだ際、思い思いに調べてみることをお勧めしたい。

グリーンランドのお化け屋敷（荒尾市）

熊本県荒尾市にあるグリーンランド。

数々のアトラクションや季節毎のイベントで賑わう遊園地だ。

県内外からやってくる客は引きも切らず、大人気である。


さて、このグリーンランド内のお化け屋敷型アトラクション「ホラータワー廃校への招待状」は心霊スポットとして有名である。

元々、展望台として建築されたがその頃から怪異が頻発。後にお化け屋敷として改築した。更にリニューアルしたのがこの「ホラータワー廃校への招待状」である。その前は「魔女の館」という名であった。

ウォークスルー型お化け屋敷で、内部を歩いて通り抜けるものとなっている。

足や髪の毛を引かれる、内部のエレベーターが勝手に停止するなどの怪奇現象が起こり、各種メディアでもよく取り上げられていたようだ。

それもあってか、グリーンランド公式ホームページでも「全国放送番組でもとりあげられた心霊スポット。身の毛もよだつ恐怖体験を」と明言され、推されている。

とは言え、実際に訪れた熊本県内在住の方々に話を伺うと「お化け屋敷として怖かったが、怪奇現象はなかった」「吃驚する怖さに泣きそうになった。怪奇現象は何もなかったが、目を閉じていたから見落としたのかも」「突然手を強く引かれて驚いたら、彼氏の悪戯だった」など、何もなかったと言う証言が多かった。

当然「厭な感じがした」「歩いていると足が地面に貼り付くように重くなった」「終始厭な視線を感じていたが、中にいるスタッフ以外のものだと思う」などの意見もある。

グリーンランドは遊園地としても楽しいので、このお化け屋敷に興味のある方は是非足を運んで頂きたい。また時期によって貴重なイベントも開催されているので、それに併せて遊びに行くのもお勧めしておこう。


さて——このグリーンランド「ホラータワー廃校への招待状」の話である。

社会人になってから数年後、隅倉さんはグリーンランドに友人達と訪れた。

彼女たちは各種絶叫マシーンなどのアトラクションを散々楽しんだ。

叫び疲れてベンチに座っていると、友人のひとりが提案してくる。

「ここ、マジで出るお化け屋敷あるらしい」

そう。ホラータワー廃校への招待状である。

すぐに入ってみようと全員盛り上がった。怖い物見たさもあるが、本当に何かあるのならそれはそれで貴重な体験になるだろうと思ったからだ。

皆で入ったお化け屋敷はそれなりに怖かった。外に出た後、それぞれが微妙に涙目になりながら感想を言い合う。その中にひとつにこんなものがあった。

「後ろから名前呼ばれたけん、振り返ったら誰もおらんかった」

少し血の気の引いた顔で、ユカリが言う。

若い女性の声で、気さくな感じがしたと言う。が、なぜか気持ち悪さを感じる声だった。

それは本物の怪奇現象だと騒いだが、当のユカリ本人はテンションが下がっていた。

以降、解散するまでユカリの口数は少ないままだった。

それからもユカリとの付き合いは続いたが、グリーンランドでの一件はタブーとなった。

彼女の前で話題に出す度、黙りこくるからだ。一度「この話は厭なのか」とストレートに訊いたことがある。答えは「あの声を思いだして厭な気持ちになるから厭だ。もう話さないで欲しい」だった。

グリーンランドの声を聞いてから約半年が過ぎたときか。

ユカリの身に事件が起こった。

自宅アパートのエレベーターを降りたとき、すれ違うように若い女性が箱に乗り込んだ。流行の服だな、自分より背が高くてスタイル良いなと何気なく振り返る。

閉まる寸前の扉の隙間から、女性の顔が見えた。

こちらを見下ろすように、少し高い位置からユカリを凝視していた。

その口元だけが嗤っていた。

顔が自分の――ユカリの顔だった。

エレベーターはそのまま上昇し、四階で止まった。ひとつ上の階だ。

咄嗟に階段を駆け上がってしまった。普段なら絶対にしない行動だと後にユカリは友人達に語っている。

四階へ辿り着いたが、自分の顔をした女性は何処にもいなかった。

それからユカリは自身と同じ顔をした女性に出会ったことはない。例の四階も幾度か調べて見たが、特に何もなかった。

自分にそっくりな存在に出会うとその人は死ぬという伝承がある。

しかしユカリは今も健康に生きている。

今回、この話を隅倉さんとユカリさん二人に伺った。

〈エレベーターの扉の隙間、そこの少し高いところから――〉

この部分をユカリさんが口にしたとき、ファミリーレストラン店内に店員呼び出し音が鳴った。ややあって、接客スタッフがやってくる。

全員が顔を見合わせた。誰も呼び出しボタンを押していないからだ。

スタッフは不可解だという顔のまま、戻っていった。

話の腰を折られた状態で再び〈扉の――〉と聞き出すと、また呼び出し音が鳴り、スタッフがやってくる。もちろんボタンは押していない。

あと一度同じことがあったので、ああこの話はここでは聞けないなと理解した。

仕方なく、店の外で概略を説明して貰い、後に電話のやりとりで補完した。

電話も不意に切れることが頻発したことを書き添えておこう。

グリーンランドの「ホラータワー廃校への招待状」。

訪れて何かあったら是非教えて頂きたい。

温泉の帰り道（菊池市）

熊本県菊池市。

天然性広葉樹、菊池川源流の清冽な水が流れる菊池渓谷など、豊かな自然に囲まれた地である。菊池渓谷は夏でも平均気温が低く、避暑地として名を馳せている。近隣には温泉も湧き出でており、観光客から地元の方々まで気軽に湯を楽しむことが可能だ

また平安時代後半から栄えた菊池氏縁の地でもあり、深い歴史を持つ。ここ菊池市は菊池氏の本拠地・隈府（大宰府府官の流れをくむ）を中心に市街地が形成された。

因みに菊池氏と刀鍛冶「延寿」は関係が深く、近年は刀剣ファンも足を運ぶという。

よって自然と歴史、文化の面で訪れる人々は多い。

他、菊池市にはメロンドームという施設がある。

正式名称は「道の駅 七城メロンドーム」。

菊池市生まれの〈七城メロン〉推しの道の駅である。

山鹿市から南阿蘇へ通じる国道３２５号線沿いに出てくる。

取材の最中案内して頂いたが、この道の駅には三つのメロン型ドームがあって驚いた。これは実際に目にして欲しい。因みに筆者はこのメロンドームを西瓜だと思い込んでおり、後に訂正された。なぜ勘違いしたか分からない。


熊本県上益城郡益城町に住んでいた森さんも、よく菊池市へ遊びに訪れていた。

今から（二〇二三年）から五年ほど前だ。

ある秋口の土曜、彼女は自分の車に友人二人を乗せ、菊池市へ向かった。

食事の他、メロンドームに立ち寄り、近くで温泉を楽しんだという。

温泉から出たときはすでに日がとっぷりと暮れていた。たっぷりとした湯で火照った身体は涼を求めている。アイスクリームか冷たいドリンクを買おうと話が決まり、森さんは車を走らせる。最初に出てきたコンビニの駐車場へ乗り入れた。

買い物をしていると、後から客が入って来る。

三人連れで、全員若い男だった。

全員酷薄そうな目つきで、剣呑な雰囲気を漂わせている。ひとりはかなり背が高く、細身。もうひとりはかなり背が低い。最後のひとりはその中間くらいだった。

三人とも服装はバラバラだが、真っ当な職業に就いていると思えない。

男たちはなぜか森さんたちの近くに寄ってくる。

何か厭だなと思っていると、一番背の低い男が森さんの肩に手を置いた。

「～～～～～～～～～～」

何かを話しかけられたが、日本語ではなかった。

少なくとも英語ではない。強いて言えばアジア圏の言語だろうか。

置かれた手を外すように距離を取ると、他の男たちも何事か口を開く。

「●●●●●●」

「※※※※※※」

三人それぞれ違う国の言葉に思えた。なぜならば、イントネーションや語尾の調子が全く違っていたからだ。

困惑する森さんの横から、友人が毅然とした態度で言葉を放った。

「どぅ　ゆう　すぴーく　いんぐりっしゅ？　どぅ　ゆう　すぴーく　じゃぱにーず？」

日本語英語であったが、相手の男たちは黙りこくり、そそくさとコンビニを出て行った。

「一体何だろうね。ナンパやろか？」

日本語英語で男たちを撃退した友人が言う。

森さんと友人達は苦々しい思いのまま、買い物を再開した。

が、もうひとりの友人が外を指差し、硬い声を上げた。

「アイツら、まだおっとよ……」

見れば駐車場に連中が立っていた。側にある車はレンタカーのナンバーだ。

何度もチラチラこちらを盗み見ては、三人顔を見合わせて嗤っている。

状況的に待ち伏せされているとしか思えない。

警察に通報するか。その前にコンビニのスタッフに相談するか。話し合いながら、外をチェックする。男たちはなぜか森さんの車を眺めていた。何か報復でもされるのだろうか。

しかし、あの車が自分のだと彼らが知る理由はないはずだ。

やはり警察だと決め掛けたとき、男たちはレンタカーに乗って走り去った。

方向的に熊本市の方だったと思う。

急いで買い物を済ませると、森さん達は逃げるようにコンビニを後にした。


が――翌日。同じメンバーで阿蘇方面へパンを買いに行ったときだ。

事故に遭った。

後ろからの追突で、相手はレンタカーの観光客だった。観光客は免許取り立ての女性二人連れで、大阪からと聞いた。

ただ腑に落ちないのは、森さんの車に与えられたダメージだ。

後部が大きくひしゃげ、内部フレームにも被害が及んでいる。修理するより買い換えた方が良いとディーラーから言われるほどだったのだが、乗っていた森さん達は大きな怪我をしていない。もちろんムチウチや打撲程度はあったが、車体の被害を考えると考えられないほど軽傷だった。

ディーラーで車体の状態を聞いているとき、担当者がこんなことを口にした。

「工場から〈これはどうしますか?〉って来ているのですが。如何致しますか?」

担当者が小さな段ボールを持ってきた。

中には剥がしたようなガムテープと樹脂性の破片のようなものが入っている。

ガムテープはスマートフォンくらいの長さで、粘着面に平たい小石が貼り付けられていた。石の大きさは碁石くらいだが、それより薄く歪な形をしている。色味は黒っぽかった。

部品はリアバンパーの一部で、工場で割れ落ちたものらしい。

その破片の表面にシールが貼られていた。

シールは長方形で、板ガムの半分くらいの大きさだ。表面は汚れ、掠れている。白地に黒と赤、金色の様なものが残っていたが、元がどんなものだったか判別できない。

石もシールも見ているとなぜか鳥肌が立ちそうになる。

担当者曰く「どちらも壊れたリアバンパー下部に隠すように貼られていた。もしかしたら大事なものなのか、験担ぎの何かなのかと思って、どうするか伺いたいようだ」。

自分でこんなものを貼った記憶はない。森さんは捨てて下さいと頼んだ。

ディーラーの後、一緒に事故に遭った友人達とカフェに行く。

その際、石とシールの話をすると、誰かがこんなことを言った。

「あの、コンビニの男たちが貼ったんやったりして。嫌がらせで」

まさかと否定しながらも、やれないことはないと思う。実際、あの連中から常に目を離さなかったわけではない。十分に作業する隙はある。だが、それにはまず森さんの車を確定しなくてはならないことが前提になるのだが、それはどうなのだろうか。

「つけられていたら、車、分かるよねぇ。メロンドームとか、温泉からとか……」

皆悲鳴を上げた。男たちは女性を狙った犯罪者だったのだろうか。しかしそれは失敗した。

そして嫌がらせで石とシールを貼った、と考えると辻褄は合う。

が、どうして石とシールなのだろうか。

自分の目で見た森さんは、あの鳥肌が立ちそうになった感覚を思い出した。

「まさか、呪いとかそんなのだったりして」

そこまで考えずに彼女が出した言葉に、友人達は笑いもしない。

考えてみれば、あの連中に出会った翌日に後方から追突された。

そしてその追突され壊れた場所から、石とシールが見つけられたのだ。

森さん含む全員が絶句するほかなかった。


石とシールの一件の直後、あのディーラーではこんなことがあったらしい。

工場のゴミを集めているところでボヤ騒ぎがあったが、原因不明。

担当者は会社帰りに自損事故を起こし、腕と足の骨を折った。事故の状況は後に聞いたが、本人が言うには「障害物を見落としていた。あり得ないことだった」。

まさか、あの石とシールが、と森さんは思ったが、黙っておいた。流石に信じてくれないだろうと思ったからだった。

その後、彼女の車は新車になった。

今のところ、無事故無違反で運転できている。

宇土殺（宇土市）

宇土市に〈宇土殺〉という心霊スポットがあった。

震災で建屋が倒壊し、現在は門しか残っていない。


ここは資産家の女性が殺され、未解決事件となった現場である。

一九八二年、当時三十代前半だった女性が顔や腹部を刺され殺された。場所は玄関脇のリビングである。発見時、首にはネクタイ、腹部には凶器が突き刺さったままであった。

玄関には加害者のものとおぼしき遺留品が残されていたが、捜査は難航し、未だ犯人は見つかっていない。

そして女性が殺害される二年前には、かなり歳上の夫が車で事故死している。

遺産相続問題がバックにあるのではないか。本事件はそんな風に語られることが多い。

また「一家惨殺であった」「生き残ったのは娘だけだった」などの未確定情報もまことしやかに語られている。

当然のように心霊スポットと化し、沢山の人間がやって来たようだ。

現場近くは別の民家や店舗があり、住民が迷惑を被っていたようである。そのせいか、怪しい人間が近付くことをよしとしない雰囲気があった。

震災後、なぜか某氏はこの宇土殺を訪ねている。どうしてそのような行動を取ったのか。本人が説明するところによると「何となく。あと取り壊されたと聞いたから」であった。

解体前にも忍び込んだことがあるのだと、彼は言う。荒れ果てた邸内に友人二人と入ったが、すでに他の人間が荒らし回った痕跡があった。女性の遺体があったリビングに足を踏み入れたとき、流石に背筋に寒いものを感じたらしい。それも友人らと同時に、だった。

他、ちょっとした怪異的なことが起こったらしいが、気のせいとして処理できるようなものだ、と自嘲気味な口調である。

また、当時携帯で撮影した画像数枚に、白い顔や訳の分からないノイズのようなものが写り込んでいた。その画像は友人知人に見せて回っていたが、突然データが破損してしまった。バックアップを取る前だったので、現在はないのだと残念そうな顔を見せた後、しかし、と話題を震災後の再訪時の話に切り替えた。

某氏が残った門をチェックしていると敷地内に紺色の上着を着た男性が独りいるのを見つけた。業者の人だろうか、それとも自分のような理由で宇土殺へ来た人間だろうか。声を掛ける理由もないので、その場を後にした。

某氏に、なぜ紺色の上着の人が業者だと思ったのか、訊いてみた。

「着ているものが、作業の時に着るようなジャンパーだったから」

あと、しゃがみ込み、地面の中から何かを探そうとしていた様子だったことも、作業中なのだろうと判断させる材料になっていた。

それ以降、某氏は宇土殺を訪れていない。だから、紺色の上着の男についての続報はなく、何も分からない。

そう言えば、宇土殺にはこんな噂があった。

〈行くと、帰り道事故に遭う〉

果たして某氏たちはどうだったのか。

最初、建物が残っているときに入り込んだ帰りだ。某氏が運転していたのだが、真横から飛び出してきた乗用車に追突された。運転席側だった。相手が遅かったのでさほどダメージはなかったが、下手をしたら某氏は死んでいてもおかしくなかった。

事故後、一緒に行っていた友人らも事故に遭った。やはり衝突されていた。そして、解体後を確認した後だ。某氏の車はエンジントラブルで急停止し、危うく多重事故を起こす所だったという。

そう言えば、某雑誌より宇土殺の取材を頼まれて足を運んだことがある。その時、別の人がハンドルを握っていたのだが、帰り道で事故に遭いかけた。赤信号を無視してそのまま交差点に進入したのだ。運転していた人物曰く「信号は青だったから、そのまま進んだ」。場合によっては、大怪我を負うか、死んでいたかもしれない出来事だった。

宇土殺。物見遊山で訊ねることは、お勧めしない。

熊本駅（熊本市）

熊本の陸の玄関口となる熊本駅は、改築を繰り返されている。

九州新幹線開業に伴う新幹線口の増設もあったが、二〇一九年には新駅舎となった。

熊本城の石垣・武者返しをイメージとしたデザインである。

二〇二一年には大型複合商業施設が併設され、また新しく生まれ変わった。

元々の熊本駅は商業施設のない簡素な造りであり、熊本市内を走る路面電車の起点でもあった。この路面電車乗り場へ続く屋根付き通路の途中に大樹が佇んでいたが、今はなくなっている。


清田敦さんにはこんな思い出がある。

彼がまだ子供だった頃、この熊本駅が改築される前の時代のことだ。

彼が小学校三年生のとき、世間を騒がせる大事件が起こった。

グリコ・森永事件である。

一九八四年から八五年に掛けて起こった一連の脅迫事件だ。

犯人たちは、食品会社の商品に毒物を封入し、無差別にばらまいた。

毒物入りお菓子は〈どくいり　きけん　たべたら　しぬで〉とタイプされた紙が封入されていたが、ひらがな表記は子供にも読めるようにだろうか。

これにより消費者の買い控え、小売店などとの取引停止が起こる。会社からして見れば大打撃だ。そこで犯人グループはこの毒物封入と無差別ばらまきを止めて欲しいのなら金銭を出せ、と脅迫したのである。

加えて犯人たちは企業へ脅迫状、報道機関へは挑戦状とも取れる文書を送りつけた。マスメディアの報道は過熱し、人々の注目を集めた。所謂劇場型犯罪である。

結果、事件は時効を迎え、結局犯人は誰ひとり捕まっていない（事件に関わったと言われる人物がいたが、別件で逮捕される前に自死したという情報もある）。

この影響で各食品会社は毒物の封入ができないよう対策を取ることになった。


当時、熊本県下でもこのグリコ・森永事件は人々の耳目を集めた。

犯人達は全国へ毒入りお菓子をばらまくと宣言してたからでもある。事実、犯人グループは広範囲にわたって移動をしていた痕跡があったと後に判明している）。

清田さんの親は彼に「（外で）お菓子は買ったらいけんよ！」と強く命じた。もちろん子供心なりに毒物入りお菓子など食べたら危険だと意識をしていたので言いつけを守った。が、やはりお菓子は食べたい。それも母親の手作り以外のチョコレートなどを口にしたくなる。そんな折り、千載一遇のチャンスが巡ってきた。

梅雨時期、日曜の朝だ。母親の妹である叔母がやって来てこんな提案をしたのだ。

「敦くん、おばちゃんとお菓子買いに行かんね？」

今、事件で買ったらダメでしょう？　と言えば叔母は笑って教えてくれた。

「久留米の方へ行けば、安全なお菓子が売っとぉけん。チョコとかキャラメル工場の側にある店やけん、それで安全に仕入れてると」

今日は沢山買ってよいと言われ、清田さんは舞い上がった。

それなら行くと言いつつ、留守番を頼まれていることを思い出す。しかし叔母は「お姉ちゃんには話しとるけん。大丈夫」と言う。

それならいいかと叔母に連れられ路面電車に乗り、熊本駅に着く。

時間はまだ昼にもなっていなかったと思う。梅雨なのに空はとても良く晴れていた。

改築前の白く横長な駅舎から列車に乗り、久留米を目指す。途中幾つか駅を通り過ぎた。

幾つ目の駅だったか、叔母がここだよという。聞き馴染みがない地名の駅だった。改札を抜けると駅前はすぐロータリーになっており、振り返ると酷く小さな駅舎が建っていた。

ロータリー側に小さな時計塔があり、十二時過ぎを指している。

近くにある食堂でグリンピースの乗ったカツ丼を食べさせて貰った。叔母は何も食べず、サイダーを飲んでいた。

そのまま歩いて行くと、少し大きめの駄菓子屋のような建物が出てくる。全体的に茶色で、出入り口は重いガラス戸だった。

中に入ると、怖い顔の老婆が椅子に座っている。

店内には数竿の棚が並んでおり、大手菓子メーカーのお菓子が所狭しと並んでいた。

本当に安全なのかと叔母に訊くと大きく頷いた。

遠慮せずに買えと言うので、チョコレートを数枚、キャラメルを数箱など沢山買って貰う。お菓子は白い紙袋に入れられた。老婆に支払いを済ませ袋を受け取った叔母が、外へと促す。

梅雨なのに暑い日だったからか、叔母は「チョコレートは溶けるから今食べな」と紙袋からチョコレートを取り出した。歩きながら食べるのは行儀が悪いといつも母親は言うのだが、今日は特別だと叔母は赦してくれた。

駅舎へ戻るまでの道すがら、チョコレートを一枚食べ終えた。

駅舎に掲げられた看板は難しい漢字五文字くらいで書かれており、読めなかった。

再び列車に乗り、熊本市駅に着いたのは多分午後二時くらいだったと思う。

自宅へ戻ってもまだ三時前で、両親は戻っていなかった。

「お菓子は隠しておいて、お姉ちゃんたちにバレないように食べたらいい。今日のことはナイショやけん、いいね？」

そう言い置いて、叔母は帰っていく。母親に許可を得たはずなのに、と初めてそこで疑問を抱いた。


――が、この話には他にもおかしな点が沢山あると清田さんは言う。

まず、あのご時世で「安全なお菓子を売る場所」があるのか、ということ。

そして、何より母親の妹である叔母が存在しないことだ。そう。母親に妹は居ない。

すでに小学生である。叔母の存在の有無など分かる年齢だ。それなのに、そのときはその女性を叔母だと信じて後をついて行っている。

もちろん女性の存在は妄想ではない。連れて行かれた証拠もある。お菓子を買って貰って帰った翌日、母親に件の袋を見つけられ、両親から大目玉を食った事実があるからだ。

両親も覚えている。事実は曲げようがない。

叱られている最中「おばちゃんに買って貰った」という話をした。

母親は鬼の形相で「叔母ちゃん？　そんなもんはおらんけんが！」と怒声を発した。

そこで初めて「ああ。おばちゃんはいない。おかあさんにいもうとなんていないない」と自覚できた。異変に気付いたのか、父親が詳細を聞いてくれた。

包み隠さず話すと、両親は驚き、誘拐事件だったのではないかと警察に相談したという。

その後、叔母を名乗った女性は捕まることなく現在に至る。


その叔母と名乗った人物はどのような人だったのだろうか。

とても綺麗な人だったたと、清田さんは答えた。

当時の女優さんのような容姿で、パーマを掛けていた。着ている物は紺地に白く大きな水玉のワンピースで、赤く細身のベルトを締めていた。靴は覚えていない。

黒いハンドバッグを持っていて、そこから財布やハンカチを出していた。

清田さんは言う。

「未だに自分の中で納得できない記憶です。どうして知らない女性に付いて行ったのか。叔母と思いこんだのか。分からないままで。だから、熊本を離れてからも覚えています」

取材中、新しくなった駅舎の話になったとき、清田さんはこんなことを教えてくれた。

彼は地元熊本で免許を取った際、あの小さな時計塔のある駅がないか、探してみたことがあるらしい。まだ新駅舎になっていない熊本駅を起点に久留米方面を目指し、借りた家の車で各駅を巡ったのだ。

ところが記憶に合致するような駅はひとつも存在しなかった。

小さな駅舎。小さな時計塔。駅前ロータリー。食堂。そしてお菓子を買った駄菓子屋のような建物。全て見つけることができなかったのである。

――実は筆者にも似た出来事があった。これはまた別の話であるのでここでは記さない。

馬刺し　その1（熊本市）

熊本県と言えば美味しい馬刺し。そんなイメージを持つ方も多いだろう。

実際、馬刺し専門店も多く、また熊本県のお土産に馬刺しを選ぶパターンも数多い。

ではなぜ、熊本県で馬刺しが好まれるようになったのか。

一説に寄れば「熊本藩初代藩主・加藤清正公が朝鮮出兵の際、敵の兵糧攻めに遭い、食べる物がなくなってしまった。仕方なく軍馬の肉を食べたところそれがとても美味しく、日本へ戻ってからも馬肉を好んだことが始まり」であるという。

馬肉は熊本県以外でも好む地域がある。福島県、長野県、青森県などだ。しかし馬肉消費量・生産量の一位は熊本県であり、如何に県民から愛されている肉かが分かる。


この馬肉を食べない願掛けをした方がいる。

熊本市に住む古関さんのお父さんである。

彼女はお父さんが三二歳、お母さんが二七歳のときに生まれたひとり娘だ。

しかし彼女は小さい頃、とても身体が弱かった。ちょっとしたことで風邪を引き、拗らせて高熱を出してしまう。また生まれたときからある持病を持っていたことで、あまり長くは生きられないだろうと言われていた。

お父さんとお母さんはできうる限りの治療や対策を練ったが、どうしてもあまり芳しい結果が出ない。

そしてお父さんは御神仏を頼り、願を掛けた。

「娘が元気になるよう、長生きするよう、自分の大好物ば絶つ」と。

酒類と馬刺し、馬肉である。

無類の酒好き、馬肉好きのお父さんからすれば、かなり辛い内容だ。

それでもよい、娘のためなら我慢すると決断を下した。

願掛けが功を奏したかは分からない。

ただ、お父さんが酒と馬肉を止めた年から古関さんは風邪を引かなくなってきた。

そして徐々に体力が付いてくる。多少のことでは寝込むことがなくなった。

当然、医療機関での治療や成長に伴う体質の変化もあるだろう。それでも彼女はお父さんの願掛けのお陰だと思っている。

古関さんは二〇二三年に結婚が決まった。

未だ持病はあるのだが、それでもよいと言ってくれた人が現れたのだ。

その際、お母さんから「実はね、お父さんがこんな願を掛けた」と聞かされたのだ。

それまで全く知らなかったので驚いた。

タイミングを見て、お父さんに願掛けのお礼と「もう私も家を出て行くのだから、お酒と馬肉を楽しんで」と頼んだ。だが、お父さんは頑として首を縦に振らなかった。

「まだ分からんやろう。やけん続ける」

頑固一徹。肥後もっこすなお父さんらしい答えだった。


お父さんが願を掛けた神社は「加藤神社」である。

熊本城内にある加藤清正公が主祭神の神社だ。熊本城内にあること、お父さんが清正公が好きであること、そして熊本県の馬肉食起源である人物であることから、この神社だと決めたらしい。

自分がこん世からおらんくなるまでは続けると、お父さんは今も願を解かない。

馬刺し　その2（熊本市）

熊本名産の馬刺し・馬肉は贈答品でも喜ばれることがある。

ギフトとして送るサービスすらあるくらいなのだから当然だろう。

さて、馬刺しの食べ方だが大まかに言えば「スライスした生の馬肉にニンニク、タマネギ、大葉などの薬味を乗せ、醤油か専用のタレに付けて食す」。

ここに追っかけビールや米焼酎ロックなどを流し込んで舌を洗い、また次の馬刺しに箸を伸ばすのである。


——しかし山崎さんの同僚・境は、馬刺しや馬肉を食べなかった。

彼は会社の呑み会でも一切箸を付けず、勧められても断る。

アレルギーか不得手なだけだろうと思っていたのだが、それをよしとしない輩がいた。

先輩社員の平沼という男である。

世界的疫病が流行するより前だ。

ある冬、会社の呑み会で鍋と馬刺しが出た。

平沼は馬刺しを自らの口で噛み砕くとそれを吐き出し、鍋に突っ込んだ。白菜やネギ、他の肉や魚介に紛れさせて境の取り皿へ放り込む。

「よう煮えとるけん食べろ」

馬肉が入っていることを知らない境は、馬肉を含む具材を口に運んだ。

そして、すぐに吐き出した。

「これ馬や、馬ん肉や！」

境は平沼に馬乗りになると、容赦なく拳を相手の顔面に叩き込んだ。

酒席は混乱を極め、遂には警察を呼ばれる沙汰になってしまった。


翌々日、境と平沼は出社してきた。

顔を腫らせた平沼は、境の姿を見ると妙に怯えた態度を見せる。

当の境は青い顔で、生気がない。

「大丈夫やっとや？」

山崎さんが訊ねると、境は細い声で答えた。

「もうダメだ」

それから三日ほどして、境は会社に来なくなった。

単独事故で大怪我を負ったのである。それを理由に会社を辞めると家族から連絡が入った。

だからその後は知らない。が、死んだ、或いは事故の怪我が原因で自死を選んだなど、いろいろな噂が流れた。どれが真実かは分からない。


実は、山崎さんはこんな話を聞いた。

境ととても仲の良かった某が言うには「境ん家は馬ん肉ば食べてはいけん家系やったって聞いたことがあるんですよ」。

鹿児島県の〈鰻を食べてはいけない家系〉と同じだ、と言っていた。食べたら、障りがあるタイプのタブーなのだ、と。

だから、平沼の悪ふざけの後、翌々日の出社時に境は言っていた。


——（馬肉は）飲み込んどらんが、もういかんやろう。


事故が起きたとき、然もありなんとはこの事かと某は理解した。

山崎さんは興味本位である質問を某にしてみた。馬肉を食べてはいけない家なら、これまで馬の味は知らないはずだ。それなのに、どうして境は口に入れただけで馬だと分かったのか、と。某は少し言いよどんでから、答えた。

「味は知らんかったことは確かです。本人も言うとりました。ばってん、口に入れた瞬間、全神経が拒否したらしいです」

だからすぐ気付き、即吐き出したのだと聞かされていた。


後にこの某は、境は死んでいないと断言した。元々住んでいた土地へ帰っただけだという。

そう。境は大学時代に熊本へ移り住んだ人物であった。

大学の四年間で熊本にすっかりなじんでいたのである。

そして平沼は会社を辞めた。

異常行動が多くなり、遂には犯罪を犯してしまったのだ。

事件を起こす前の平沼の目を、山崎さんは覚えている。

どう見ても正気な人間の目ではなかった。


山崎さんは馬刺しを食べる度に、境と平沼のことを思い出す。

S病院（熊本市）

S病院S荘。
熊本市で有名な心霊スポットである。

病院関係者や年老いた患者の自殺があって廃業したと語られているが、事実かどうか分からない。兎に角情報が錯綜しているが、内部では白衣姿の看護師の霊が歩いているなど、病院らしい怪異譚が語られることが多い。

病院と言うこともあって手術室や各種施設跡が残されているので、心霊スポットファンには堪らないシチュエーションだろう。

施設から見るに〈病院併設型老人ホーム〉であったのだろうか。

ただ、所有者が存在する場所なので、無断の立ち入り及び非合法な行動は慎むべきである。

また、廃墟は安全対策が取られていない。大怪我を負う、命を落とすなどの危険が潜んでいる可能性が高い。最初から近付かないのが得策だ。

ただ、熊本県下でも有数のスポットと言うことで幾つか話を聞くことができた。

その中から少し記そう。

威嚇

ある人が大学のグループでS病院を訪れた。

夏の時期で肝試し感覚だった。

暗い上りの道を進むと、廃病院の建物が近付いてくる。

全員軽口を叩きながら気楽に進んでいった。

病院入り口に着くと、誰かがこんなことを口にした。

「廃墟とか、住み着いたヤツとかいて、それとトラブルになることがあるらしい」

こっちは六人だ。余程のことがない限り大丈夫だろうと全員自信満々だった。

だから、足を踏み入れた瞬間、全員で威嚇した。

「おうい！　誰かおるンか！」

「おるなら、出てこいやァ！」

当然、返事もなければ誰も出てこない。

S病院（熊本市）

S病院入り口は来る者を拒むように閉じられている。他にも進入ルートがあるとも聞くが……
（著者撮影）

代わりに、三味線の音がハッキリ聞こえた。

もの悲しいメロディだった。


全員逃げ出したのは言うまでもない。

叢

某人が友人達とS病院を訪れた。

冬の入り口の時期、午後九時半を過ぎている。

相乗りしてきた車を空き地に停め、真っ暗な枯れ草の間を上っていく。

懐中電灯を用意していなかったので、スマートフォンのライトを使った。足下と前方を交互に照らしながら進んでいると、ふと右手側に何かを見つける。

顔を向けた瞬間、某人が声を上げ掛けた。

そこに人影があったからだ――が、すぐにそれが鏡に映った自分だと分かった。

背の高い枯れ草の間に、姿見が放置してあった。

豪華な感じではなく、本当にシンプルなものだ。足下近くは草に覆われて見えない。鏡面は汚れがあったが、まだ鏡としての機能は失われていなかった。

先行している友人に声を掛ける。

「おーい、ここ、鏡あったわ。誰が置いたんやろうか」

全員が振り返って、戻ってくる。全員が姿見を照らした。

こんなものをこんな場所に置くのは、驚かせようとする悪戯だろうと誰かがいう。皆が同意していると、先頭にいた友人が喚くように叫んだ。

「逃げろ！」

大声を出されて、訳も分からず某人も走り出す。

空き地の車まで戻ったとき、誰かが訊いた。

「なんやった？　何で逃げた⁉」

それは先頭にいたヤツが逃げろと叫んだからだ。叫んだ当の本人はかなり遅れて叢から飛び出してきた。かなり狼狽えながら、後方を気にしている。

「何か、白いのが遠くから、病院の方から歩いてきた」

暗闇の中、白い何かがボンヤリと浮かび上がっている。それがゆったりと近付いてきているのに気付いた。だから逃げろと叫んだのだ。しかしなぜか足が絡まって、上手く走れない。

どうしようもなくなって、ただ焦りながら車を目指したと言う。幸いなことに後ろから追いかけてきておらず、ここまで来てやっと安心したと彼はいった。

全員揃って気が強くなったのか、皆が「戻って確かめよう」「生きてるヤツの悪戯だったんじゃないか。それならやっちまおう」と口々に言い放つ。

考えてみれば姿見を置いたのも其奴ではないか。相手を懲らしめてやろうという気持ちが某人にも湧いてきた。

皆でとって返したが、誰も居ない。それどころか、姿見すら姿を消していた。

この短時間に回収して、何処かへ隠れたのだろうか。辺りを探し回ったが、怪しい者は誰も見つからなかった。

そのまま病院内を探検し、戻ってきたのは午後十一時を過ぎた頃だ。

噂通り凄い空気だったな、びびったわ、と口々に話ながら車に辿り着く。

車体のすぐ側に、なぜかあの姿見が置いてあった。

場所はリア部分、ナンバーを隠すようにバンパーに立てかけてある。

車の持ち主が叫びながら姿見を叢へ向けて投げ捨てた。何かが割れる音が聞こえた。

「誰やァ!!」

当然、誰も返事をしないし、名乗り出もしない。皆で宥めながら車に乗り込み、その場を後にした。車内で某人の隣に乗った友人が口を開く。

「しかし、あんな寂しく寒いとこで待って、来る人間に悪戯仕掛けるなんて、余程やな」

同乗者全員同意したことは言うまでもない。


後日、某人を含めた数名でS病院に再び足を運んだ。今回は八人いた。

真夜中に悪戯目的で潜む輩を捕まえてやろうと思ったからだ。

全員懐中電灯を用意した。そして、病院へ行く道の入り口、途中の真ん中辺り、病院側の道の出口、病院入り口に二人ずつ配置して、周辺を同時に探す作戦だった。

しかし、失敗に終わった。

病院入り口と道の出口の組が戻ってくる。某人は出口担当だった。

道の途中にいた組に合流したとき、今日は鏡がなかったなと言う話になる。

病院へ向かう途中、叢の中もくまなくチェックしていた。あったのは確かにゴミくらいだ。

道を下りながら某人は何となく草の隙間を照らす。思わず悲鳴を上げそうになった。

草と草の合間に、週刊漫画雑誌らしき束があった。

その上に、包丁が二本、無造作に置かれている。

錆がない洋包丁で、家庭で使うような大量生産品に見えた。

少なくとも、来たときにはこんなものは目にしていない。

その場にいる友人達へ教えると、全員が息を呑む。すぐに入り口の組を携帯で呼んだ。

「おい。誰かこの道通ったか。誰か怪しいヤツが叢に入ってきたか?」

四組全員が誰の姿も見ていなかった。じゃあ、これは誰がと議論していると、病院側から甲高い金属音が一度だけ聞こえた。

鉄パイプで鉄の手摺りを力一杯叩いたような、けたたましい音だった。

以降、某人達はS病院に近付いていない。

得心

別の某人が彼氏とS病院へ行った。

正確には、彼氏に無理矢理連れて行かれた。

昼間だったがとても気持ち悪く、彼氏を恨んだという。

そんな彼女の気持ちを知らず、彼氏は建物内を荒らし回る。

中には畳敷きの部屋が幾つかあった。

老人達が暮らしていた部屋なのだろう。押し入れやトイレも用意されている。

彼氏は畳の上に土足で踏み込み、壁を蹴ったり、叩いたりしている。

どうせ廃墟なんだからいいんだと言っていた。


だが、その日を境に彼氏の体調が悪くなった。

胃の激痛と共に、腰や手足の関節の痛みに悩まされるようになったのだ。

「まさか廃病院で何かウイルスでも拾ったんやろか」

恐れた彼氏は病院に掛かったが原因は不明で、どうしようもない。大学病院の専門医を紹介すると言われた矢先だった。

ある晩、某人が彼氏の部屋に泊まった。

真夜中、彼氏が寝言を言い出した。元からハッキリした口調で寝言を漏らすタイプだ。

当初はさして驚きはしなかった。

だが、内容がおかしいことに気づいた。

「……ああ、もう、そんな乗らんで。もう背負えンけん。足と腰が折れるけんが」

——もう背負えンいうてるやろ。ジジイ、ババア、死ね！　死ね！　死ね！　死ね！

叫びに近い寝言と、その内容に驚きつつも、彼氏の不調の原因が分かった気がした。

翌朝、寝言のことを伝えると、彼氏は何も覚えていない。S病院へ行って謝って来てよと頼んだが、彼氏は首を縦に振らなかった。

その後、彼氏と別れた。

それから二年ほどが過ぎた。共通の知人から元彼が病で病院通いをしていると聞くことがある。

痩せ衰え、二十代なのに見た目が初老のようになっているらしい。

内臓疾患に加え手足も細くなり、腰も常に曲がった状態のようだ。

二年程度でそんなに変貌するものか、某人には分からない。

共通の知人がいう。

「悪いけれど、アイツはもう終わっとるけん。間もなく寝たきりやろ」

田原坂（熊本市）

熊本市北区植木町に、田原坂《たばるざか》という史跡がある。

西南の役・西南戦争における、最大の激戦地である。

西南の役とは、今の熊本県、宮崎県、大分県、鹿児島県で西郷隆盛公を盟主として起こった〈士族による武力反乱〉だ。明治初期に起こった士族反乱の中でも最大規模のものであると同時に、日本国内最後の内戦になっている。


最大の激戦地と言うだけあって、戦闘は十七日間に亘り続いた。西南戦争戦死者の二割が、ここ田原坂の戦いで命を落としている。

官軍が約一七〇〇名。薩軍が約一一〇〇名の戦死者だった。

空中でぶつかった銃弾（空中かちあい弾、行合弾）が多数見つかるほどの凄まじい戦闘が行われた結果である。そして田原坂は未だに地面から銃弾が出てくるという。

——当然、田原坂は現代において、心霊スポットとされた。

それも熊本県最恐のスポットとして語られたのだ。

誰もいないのに足を引かれる。

誰もいないのに、人が語り合う声が聞こえる。

白兵戦の、刀を打ち合う音が聞こえる。

馬に乗った少年兵が追いかけてくる。

上半身のない人間が乗った馬が現れる。

生首を見た。

近くにあった電話ボックスに女性の霊が出る。

電話ボックスで電話を掛けていると、当時の兵士に囲まれる――。

戦死者が多数出たことと、官軍墓地があるからであろう。

人によっては、百パーセント出る、と言い切るほどのスポットである。

そのせいか、日が暮れ始めると急に人の姿が消える。

変質者も現れるらしく、田原坂駅を利用している学生も危険を感じることが多い。

更に田原坂のある植木町では過去女性の死体遺棄事件が起こっている。殺害後、ガードレール脇やミカン畑に遺棄されたのだ。日が暮れると人目がなくなるからだろうか。

どちらにせよ、暗くなってからの田原坂へ遊び半分で足を運ばない方が得策である。

田原坂（熊本市）

激戦地「田原坂」。周辺では未だ当時の銃弾が見つかるという（著者撮影）

ただし、熊本でも有数の桜の名所でもある。

いろいろな人が「何もない平和なところ」「桜が美しく、落ち着く」と語っている。

だから、心霊スポットではなく桜を楽しむ場所として訪れた方が良いのかもしれない。


余談だが、筆者も仕事で田原坂を訪れた。しかし日中も、夜も現場では何もなかった。

そのまま近くのビジネスホテルへ泊まる。翌日は午前六時から移動開始だった。

足元灯だけにしてベッドに潜り込んだのだが、どうもおかしな気配がする。

目を開ければ、足元灯か廊下から漏れ出た光が何かに遮られるようにチラチラと明滅していた。起き上がって確認するとそれは止む。

ベッドに戻ってみたが、今度は床のカーペットを踏む音が幽かに始まった。

軽めの体重で、裸足。女性だろう。見えていないのに、なぜかそこまで分かった。

足音は出入り口ドアから部屋の奥の突き当たりまでを何度も往復している。どうもこちらの様子を窺っているような気がした。

ふと見れば、壁に掛けていたアウターが揺れている。寒い時期だったので空調を効かせていたのだが、寝るまで動いたところは見ていない。風の通り道ではないからだ。

そして遂には、アウターがハンガーごと落ちた。

こうなるとやかましくて眠れない。

用事があるなら聞くが、何もないなら静かにしてくれ、眠らせてくれ、明日は早いんだ、今からだと四時間も眠れないいんだ、と心の中で訴えてみる。

しかし気配は止むことがない。頭に来て、無理矢理寝てしまった。

翌日、ロビーに集まった仕事関係者の内、数人が寝不足の顔をしている。

各部屋でも似たような事があったようだ。その時、ふとある注意事項を思い出した。

〈田原坂から草木、小石ひとつすら持って帰ることなかれ〉

持ってくると……という話だ。

しかし何も持ち出した覚えはない。が、ふと思いつき、靴裏をチェックした。

深く入った溝に、小石が挟まっていた。田原坂に入る直前、別の石が挟まったのを外している。だとすれば、これは田原坂の石だろう。

指で取ったものの、どうするか考える。ロビーにあるゴミ箱は飲み物の空き容器用しかない。外に放り投げるにしても、敷地内である。

悩んだ挙げ句、心の中で謝りながらロビーの床にそっと置いた。多分清掃が入ればきちんと処理されると思ったからだった。

翌日は別の地域へ移動したので、このホテルには戻らなかった。

長い余談であったが、次は別の人物の話だ。

世界的疫病の流行前後に分けて聞いたものである。

忌避

伊津野楓さんは熊本市在住の男性と結婚した。

彼女の旧姓は有馬で、出身は鹿児島県だった。結婚の切っ掛けは、会社の業務である。鹿児島市に本社を置く商社に彼女は勤めていた。そこと取引していた熊本市の会社の営業が夫となった人物である。

顔を合わせたら雑談する程度から始まった出会いは、いつしか恋愛へ発展していく。結婚を決めたのは彼女が二十七歳、夫が二十九歳の頃だった。

結婚後は退社し、夫のいる熊本市で一緒に暮らすようになった。

持ち前のコミュニケーション力で熊本の友人知人を増やしつつ、熊本という県を知るにつれ、とても大好きな土地になったという。

ある春の日だった。

夫が桜を見に行かないかと誘ってくる。了承したものの、一応訊いてみた。

「田原坂じゃないよね？」

楓さんは父方の祖父からこんなことを命じられていた。

〈有馬ん家は西郷隆盛公ん薩軍に属しちょった家柄。西南ん役ん分水嶺となった田原坂へ足を踏み入れてはならん。もちろん、敵ん墓にビンタぁ垂るっなどもってん外〉

過去の戦争を引き合いに出されるのは納得いかないが、生真面目で融通の利かない祖父の性格上、冗談ではないことは分かっている。黙っていれば分からないだろうが、何が切っ掛けでバレるか分からない。もしバレてしまったら、面倒くさいことになるのが厭だった。

祖父が結婚に難色を示していたことを含めて事情を知る夫が笑う。

「違うよ。阿蘇の一心行の大桜にドライブがてら行こうと思うとるけん。でも予定を変更して桜公園でもいいかも知れんね」

どちらにせよ田原坂ではないのなら、安心だ。夫に連れられ出かけた先は予定通り一心行の大桜だった。田園の中に樹齢四〇〇年の桜の巨木が咲き誇っている。青空と相まってとても美しかった。

だが、それから一週間ほど後だっただろうか。

夫が体調不良を訴え始めた。

目の霞み、手足の痺れ、嘔吐感、酷い疲労感。時には微熱を出すこともあり、真夜中に高熱へ変わることすらあった。

病院に掛かっても明確な診断は下されない。別の病院でも同じくで、最終的には他の大病院へ紹介された。

大病院で数々の検査を受けたが、どうにも納得する結果が出ない。

これではいつまで経っても夫が苦しむばかりだ。

どうしようもなくなって、民間療法にも頼ったが、快方に向かわなかった。

頼るものがなくなり、困り果てていたときだ。

突如として夫の体調が良くなった。彼自身も不思議がっている。

朝、目が覚めると突然体調が良くなっていた、と首を捻った。

どちらにせよ春から夏の間ずっと続いた悩みが解消した事に変わりない。ああ、よかったと喜んでいる矢先だった。

父親と父方の祖父から鹿児島へ一度戻ってこいと連絡が入った。

結婚してから盆と正月の里帰りは慣習化していたので、それではダメかと訊いたが、彼らはうんと言わない。

『独い（独り）で戻ってきやん』

祖父の命令らしかった。夫に聞かせたくない内々の話のようだった。

丁度近いうち、夫に出張の予定がある。そのタイミングで鹿児島へ戻った。

新幹線で鹿児島駅に着くと、父親が待っていた。

すぐさま車に乗せられ、祖父の家へ向かう。母親はいなかった。

祖父宅へ着くと居間へ通される。

奥から祖父が出てきた。顔色が悪かった。いや、血の気そのものがない。

「やっぱりお前を熊本へ嫁入りさせてはいけんやった」

あの祖父とは思えない弱々しい声だった。

「すぐに離婚して、戻ってこい。鹿児島の男と再婚しろ」

身勝手な要求を耳にして、頭に血が上った。どうしてそんな命令をされなくてはならないのか。一体全体どういう了見なのかと楓さんは捲し立てた。

「夜な夜な、ご先祖さんが出てきちゃ、恨み言を言うからよ」

楓さんが熊本へ嫁入りしてから間もなくして、祖父は夢を見るようになった。

顔のない……いや、顔がグチャグチャに潰れた軍服の男が出てきては、祖父の首元に日本刀を突きつけて脅してくる。

〈薩摩ん者が官軍の者に娶られ、そいを赦したお前は我が家ん風上にも置けん〉

こんなことを言う。

そして刀の峰で打ち据えてきたり、切っ先を軽く突き立てたりしてくるのだ。

謝っている最中、問答無用に一刀両断され——た瞬間目が覚める。

「最近は夢が明瞭になったど。それこそ夢じゃなかとではち、思うことも多か」

祖父は忌々しげだ。横に座る父親は黙っている。

「特に、今年の春よ。そこら辺りから、こげ、なったが」

祖父がシャツと肌着を脱いだ。

思わず息を呑んだ。

祖父の身体に、無数の蚯蚓腫れが縦横に走っている。

直線が重なったような感じだ。ただ、それだけではなく、肌の至る所が蕁麻疹のように赤く腫れ上がり、一部は水疱のような状態になっている。

父親が口を開いた。

「本当に春くらいからよ、酷くなったのは」

病院に掛かったが、治らない。精神的なものかと思ったが、そうでもなかった。

これは御神仏に頼るべきかと、常に詣でていた神社へ足を運ぼうとすると邪魔が入る。他、車の故障、妻——祖母の怪我、酷い体調不良などで向かうことができない。

少し前に夢に出てきた顔の潰された人物がこんなことも言い添えるようになった。

——早く孫を鹿児島に戻さんと、お前はひっけ死ぬど。

——官軍の子を孕んだら、有馬の家も終わっど。

「じゃってよ、お前は離婚して戻ってこんにゃいけん。お前の相手は官軍やかい」

あまりに訳の分からない話に頭が付いて行かない。薩摩？　官軍？　だが、目の前の祖父の身体と調子の悪そうな顔を見ていると、夢は本当なのだろうと思ってしまう。

（自分が我慢して、家に戻れば）

楓さんは一瞬考えた。しかし抗う自分もいる。こんなオカルト話で離婚などしてたまるか。

大体、夫の家系が官軍に関係しているのかすら知らないのだ。反骨心が頭を擡げてくる。

話がそれだけなら、もう帰る。鹿児島駅まで送って欲しいと父親に頼んだ。祖父は何か弱々しく怒鳴ってきたが、そのまま家を出た。ややあって出てきた父親に駅まで送って貰う。道すがら、いろいろな話をしたが結局父親も「あの人の言うことは聞かんでいいが。お前の好きなようにしなさい」と赦してくれた。

翌年、世界的疫病のため緊急事態宣言が発せられた。

あれよあれよという間に、県を跨ぐ移動はできなくなる。その間も祖父から「離婚しろ。帰ってこい」と連絡が続いたが、無視を続けた。

父親と電話した際聞いたが、祖父の蚯蚓腫れと肌の異常は更に酷くなったらしい。それどころか夢も内容が変わっていた。遂には祖父の手足を切断されるようになったようだ。更に顔の潰れた人物以外に、他の軍服姿の者も加虐に加わりだした。全部で十数名に増えたのだ。まともな姿をしている者はいなかったと祖父から父親は聞かされていた。

夢が変わってからの祖父は、手足が上手く動かせなくなったと父親に訴えている。加えて、楓さんの携帯に電話をするにも一苦労だと不満を口にしているようだった。

疫病による自粛ムードの中、楓さんは想定外に子を授かった。

確定したときは疫病の蔓延する状況に不安を感じつつ、喜びもひとしおだった。

実家に懐妊の報告をしようとした矢先だ。

父方の祖父が亡くなった。

急死であった。死因は心臓関連で、最初に発見したのは一緒に暮らす祖母だ。買い物から戻ってくると、居間で事切れている祖父を見つけた。長い間苦しんだのか、周囲にいろいろなものが散らばっていたらしい。

そして、その死に顔は祖母曰く「二度と見たくないほど、酷い」ものだった。


世界的疫病が五類に移行しても、楓さんは有馬の家に戻っていない。

一連の出来事で、鹿児島へ足を踏み入れることを忌避するようになったせいである。

逆に両親を熊本に呼んで、初孫の顔を見せたくらいだ。

両親から聞いたが、亡くなった祖父が残した諸問題で、有馬家の土地や財産の一部を手放すことになっていた。現状両親にはまだ被害は及ばないが、この分で行くと有馬の親族全体に波及する可能性もあるという。

「お前はもう嫁に出た身じゃで、気にすることはなか。何かあっても知らぬ存ぜぬで突っぱねたらいい。鹿児島に戻らず、熊本で幸せに暮らせ」

両親の言葉に、胸が詰まる思いがした。

楓さんは今も熊本市で夫と子供と暮らす。

今回の取材がきっかけで、夫に「体調が悪くなる前、何かなかったか」と訊いてみた。

「そう言えば（楓さんと）一心行の大桜に行った後、会社関連の花見で田原坂へ行った。その時、妙に寒くて風邪を引いた感じがした。首の後ろから背中に掛けて悪寒が走って、それからずっと体調不良が続いた」

田原坂のせいだと思いたくないが、祖父と有馬家の一件を思いだしてしまう。そう言えば、夫の家は元々熊本県在住ではなかった。官軍側かどうかも訊いてみたが分からないようだった。

つい先日、楓さんは父親と電話で話した。

彼もまた、顔が潰れた軍服の男の夢を見始めていた。

今はまだ遠い暗がりから父親の方を潰れた顔で見詰めているだけである、という。

健磐龍命と鬼八と巨石

阿蘇神社に祀られる「健磐龍命」。初代天皇・神武天皇の孫と言われている。神武天皇は健磐龍命に西海（九州とその周辺の島々）で起こっている反乱・暴動などを鎮めよと命じ、火ノ国に封じた。その際健磐龍命は阿蘇カルデラ内の湖を蹴破り、湖水を西方へ流したという。蹴り上げたとき、転んでしまった健磐龍命は「立てぬ」と口にした。これが立野の地名の起源である。また水が流れるのを止めていた大鯰を退治したという伝承も残っている。

この健磐龍命だが、実は隣県・宮崎の高千穂の伝承とも関係が深い。その神話とは「鬼八伝説」である。

鬼八は健磐龍命の家来であった。

命が遠い的石へ射る矢を取ってくる役目を鬼八は仰せつかっていたが、百本目で思わず無礼を働いてしまった。怒った健磐龍命は高千穂まで鬼八を追いかけ、殺してしまう。死した鬼八は命への恨みで阿蘇谷に霜を降らせ、農作物に被害を及ぼした。

これはいかんと命は鬼八の為に霜神社を創り、そして毎年「火焚き神事」にて鬼八の霊を暖めるようになったという。

ところが高千穂町だと鬼八の伝承は変わる。ここでの鬼八は、高千穂の豪族の親分である。悪さばかりしていたので、三毛入野命《みけいりのみこと》に倒されてしまった（高千穂だと健磐龍命ではない）。その後、死した鬼八は高千穂で蘇り――という内容である。

高千穂の鬼八伝承を調べたことがあるが、死後の鬼八に関する内容で、一般的な資料にないエピソードも耳にした。これはまたの機会に書こう。

しかしこの二つの神話が語るものは何だろうか。


ところで健磐龍命の足跡が残ると言われた巨石が熊本県にあった。

伝承のみが伝えられ、巨石は失われていたようだ。が、一九九九年に発見されている。

熊本県阿蘇郡南阿蘇村白川西柳の阿蘇大御神御足跡石だ。

健磐龍命はこの巨石に立ち、南阿蘇の平定を願って祈られた。

阿蘇大御神御足跡石は白川水源近く、国道325号号沿いに存在する。

健磐龍命の足跡の他に女神のお顔が浮かぶこの巨石だが、特定の条件下で上部に日の丸が現れるという。

お近くを通られたら是非訪ねて頂きたい場所である。

色とりどりの伝承、そして不可思議エクストラエリア

熊本県は広い——そして地域ごとに
いろいろな色彩を見せる。
興味深い文化や伝承、歴史が深く広く
横たわっているからだろうか。
熱い火ノ国、そして清冽な水の国・熊本は、
多数の疑問を我らに投げかける。

河童が通った道――熊本河童ロードを行く（八代市）

河童とは

河童。

河童とは頭に皿、背中に甲羅、口は嘴を持ち、泳ぎが得意だ。

河などの水の中に人を引き込んでは、その尻の穴から尻子玉を抜くと言われている。

岩手県遠野市では赤く、他の地域では別の色として語られることが多い（河童の色に関しては諸説ある。もしかすると体色が変化するのかも知れない）。

そもそも東日本の河童類の一部には、名匠・左甚五郎が人足として作った人形（藁や木製である）が変じたものという伝承もある。

ところが九州の河童は海外から渡ってきているのだ。種として別物と考えられるだろう。

同時に、妖怪、或いは零落した神が河童である、という説が語られる。

しかし、時折その実在を匂わせる遺物が発見されるのも特徴だ。

例えば、某酒屋で見つかった河童の木乃伊《みいら》や、切断された手と呼ばれるものだろうか。

酒屋の木乃伊の頭は梟《ふくろう》であろうと言われているし、手は猿やカワウソなどのものを加工したものだと調査が済んでいるものも多い。

事実、河童だ河童だと無責任に騒ぎ立て報道した挙げ句、結果が出てもそれを明らかにしないままにするパターンも数多く見られる。また、かなり過去の話になるのだが、かの岩手県遠野市で河童の写真が撮られたと大騒ぎになった。が、それはフェイクであった。これは後に改めて訂正されたので知っている向きも多いだろう。

では、河童はいないのだろうか。

個人的にはいると思っている。例えば、神霊・精霊としてであっても、また、未知の生物であっても、どちらでもだ。

問題はその未知の生物として論議する場合だ。

河童を追いかけていると、明らかに地域ごとの特徴が出る。外観に関する情報や、行動パターン——要するに生態の違いが見えてくるのだ。

当然、既知生物の誤認であることも多々あるだろう。しかし、そうだと切り捨てるには難しい事案も残っている。例えば、鹿児島県で発見された河童の遺体だ。

アナグマや他の生物だという説も語られたが、それとは絶対に違うという証言も残っている。その遺体を発見した方がカメラを取りに行くとその隙に消えていた。もしかするとまだ生きていて移動した、或いは仲間が回収したのかもしれない。

他、宮崎県や長崎県、鹿児島県などでは河童の足跡が発見され、話題になった。水場から家屋に侵入した足跡から成分分析も行われたようだが、結果はハッキリしない。これをして「河童の足跡は偶然そう見えただけなのだ」と考えるのは早計かも知れない。実は明確に地面に穿たれた足跡もあるのだ。

他、阿蘇地方から宮崎県高千穂町エリアなどで「河童の声を聞いた」「座る河童を見た。あれは人ではなかった」などの情報もある。

深く考えれば考えるほど、河童とは奥深い存在であることが分かってくる。


今回は熊本県エリアを中心に、九州の河童について追いかけてみたい。

そもそも熊本県は、大陸からやって来た河童たちの上陸の地である。

調査を進めるに当たって、何度もスタート地点に戻るのは基本だ。だから、まずはここ「上陸の地」から始めてみよう。

河童初上陸の碑が八代市にある。

仁徳天皇期、河童達は大陸の長江（揚子江）から黄海に出て、泳いで八代市に上陸した

相撲を取る河童の像（著者撮影）

「河童渡来の碑」はガワッパ石と呼ばれる石で組まれている（著者撮影）

という。その数は九〇〇〇〇（匹という単位が用いられることが多いが、河童の単位として匹が正しいのか分からないので、以後は〈体〉を用いる）。或いはこの熊本県に渡ってきてから九千体に増えた、とも伝えられている。

この碑は球磨川支流の前川河口に存在しており、近隣には河童のオブジェが数多く設置されているのが特徴だ。

九〇〇〇〇体の河童達を率いていたので、この一団の頭領河童を〈九千坊《くせんぼう》〉と呼ぶ（ひとつ言えば、河童は頭領を頂くレベルの知的な生命体であることがこれで分かる）。

九〇〇〇〇体ともなれば、熊本に住まう人との軋轢も起こる。

河童達の悪さに悩まされる人々を見た熊本藩初代藩主・加藤清正公は怒り、九州中の猿に命じた。「球磨川の河童達を攻めよ」。九千坊と河童軍団対清正公と猿軍団、両軍の死闘の末、河童軍は負けた。降参した河童たちは久留米の有馬公の許しを得て、筑後川に移り住んだ。以降、水天宮の使いとなったという。

では、現在球磨川流域に河童はいないのだろうか。

ところがそうでもないらしい。

例えば、八代市から人吉市に掛けて流れる球磨川でこんな話があった。

橋

夜、某氏は八代市の橋を車で渡っていた。

熊本市から南下する形で、球磨川支流の前川を越える。

更に球磨川に掛かる植柳橋《うやなぎばし》に差し掛かった。

晴れた昼間や夕暮れ時だと良い景色が見られる。ただ、夕刻など混む時間帯だと渋滞するポイントだ。しかし現在時刻は午後十時前である。比較的空いている。否。自分以外の車はいない。

橋には外灯が設えられており、周囲がよく見えた。

車道の両側にはパイプガードが走っている。その外側にある歩道の手摺りは見た目、大人の胸辺りの高さより少し高いくらいだろう。

夜になると、この手摺りに釣り竿を数本立てかけ釣りに勤しむ釣り人の姿も偶に見る。

（あ。今日もいる）

橋に入った後、左右のトラス構造部分の鉄骨が途切れた先だった。

右側の歩道に誰か佇んでいる。

この歩道は、車道がある橋と分離した形で単独の細い橋になっている。そして車道の路面より高い。とは言え、手摺りの高さは左側の歩道側と同じような高さだろう。なのに、この佇む人の場合は、手摺りが腹当たりの高さにある。もの凄く背が高い、とすぐに理解できた。

驚き目を凝らす。が、どのような頭部をしているのか、どのような服を着ているのか分からない。外灯と車のヘッドライトに照らされているのに、判別できないのだ。

急に血の気が引いた。

見てはならないものを見ているとしか思えなかった。

前後に車はない。しかし止まる気はない。止まってはいけない。

某氏の乗る車が速度を上げた瞬間、人影は軽やかに歩道側手摺りに飛び乗ると、そのまま球磨川へダイブした。

影はなぜか空中で大きく手足を広げ〈大〉のような状態を描き、腹側を下に飛び込んでいく。まるで某氏に見せつけるような感じがあった。

某氏はパニックに陥った。

橋を渡りきり、その先にある彼女の家に辿り着いたのすら覚えていない。

震えながら彼女に抱きしめられているところで我に返った。

翌日、植柳橋を確かめに行ったが、特に変わった痕跡はなかった。

手摺りの高さから、やはりあの人影が異様なほど大きかったことが分かっただけだった。

闇夜の中で

別の某氏が用事で八代市を出たのは、夜中の十一時過ぎだった。

車の運転中気付いたが、その日は月も出ていなかった。

高速を使わず球磨川沿いを人吉市側へ進んでいく。

橋を渡り、球磨川が右手側になった。道幅が狭くなる。長い間工事が続いており、走りにくさを感じる道でもあった。早く抜けようとアクセルを踏んだときだ。

左手側に見える切り立った山側の崖から、何かが転がるように落ちてきた。落石かと急ブレーキを掛ける。

車のライトに浮かび上がったのは、岩ではなかった。

黒々としたその表面は、毛の生えた椰子の実を思わせた。

大きさは蹲った小学校低学年の子供くらいだろうか。形は歪なおはぎのようだ。

中央線を跨ぐように静止した巨大なおはぎを前に、某氏は車のサイドブレーキを引く。

どちらにせよどかさないと通り抜けることはできない。それに後続車が困るだろう。動かせるか分からないが、と思いながら車のドアを開けようとした瞬間だった。毛むくじゃらのおはぎから細い手足らしきものが飛び出してきて、そのまま四足歩行で駆けていく。あっという間にガードレールを跳び越え、右手の球磨川へ落下した。呆気にとられたが、すぐにハザードを焚いて、車外へ飛び出した。球磨川を見下ろすと、黒い川面があるだけだった。時期は秋の彼岸を過ぎてから二ヶ月ほど過ぎた頃だった。

この二つの話が河童に纏わるかどうかは明言しない。ただ、目撃したお二方は口を揃えて「河童とかそういう類いのものじゃないかと思う」と言ったのが印象深い話だった。どうしてそう思ったのか訊いてみたが、感覚的なもので、かつ、球磨川に関連したからのようだ。

河童上陸ルートを探せ

体験談を追いかけながら、球磨川流域及び河童渡来の碑辺りを調べていく中で気付いたことがある。

九千坊たちは黄海を経て、熊本県へ上陸している。彼らを生物だと考えると絶対に中継地点が必要になるはずだ。

長江から黄海へ出た場合、どのルートを河童たちが泳いだのか。

最短ルートだと長崎県の対馬列島・五島列島に立ち寄ることになる。その後、平戸や天草島を経由して、八代市へ上陸するのが定石だろう。

そのルート上には河童に関する伝承や目撃譚などが数多く存在する。

五島列島の福江島では五島家の〈火消し河童〉という話が伝わっていた。

一七二三年、江戸の大火で麻布六本木にあった五島家の上屋敷が焼けた。

五島家の二六代当主・五島盛佳《ごとうもりよし》公は新しく屋敷を建て直した際、福江島にある〈水天宮〉の分社を屋敷内部に建立する。火除け神として、である。

ところが隣の大久保屋敷から火が出た。しかし五島家から消防手が沢山現れ、火を消し、延焼を防いだ。

この消防手は人間ではなく、水天宮の使い・河童であった。

江戸中の評判を取り、五島家の水天宮分社には参拝客が引きも切らぬ大盛況となった。

そこで五島家は水天宮御守を作ったところ、飛ぶように売れる。それは藩の財政が潤うほどであった。

ところがある時期から福江島では度々大火に見舞われるようになった。

廃藩後に福江島の水天宮の扱いを疎かにしたためだった。

福江側の河川改修に伴い、改めてこの火消し河童を祀り直したという。


対馬では〈オタマジャクシのような形〉をした河童の足跡が昭和の時代に発見された。

否。足跡だけではない。その姿らしきものも目撃された。

対馬市厳原町久田にある〈対馬藩お船江跡〉周辺の出来事だ。

子供のような姿の、ぬめっとした体表を持つ存在が足跡を残したのである。

この対馬藩お船江跡は海に面した船着き場だ。だとすれば〈黄海、海を渡ってきた河童〉の伝承にも符合するではないか。

そして河童が海水・淡水関係なく泳げる証左になる。ただ、河童が両生類に近い生物なら、海を泳ぐのは難しい（海水と淡水が混じり合う汽水域なら両生類は生きられる）。

河童は両生類ではない可能性が高まったと言えよう。

そう言えば、対馬列島や五島列島出身の方からこのような目撃譚を聞くことができた。

島で見たもの

対馬列島に住んでいた某氏は、幼い頃に祖母と河童らしきものを目撃した。

夕涼みがてら歩いているとき、家々の合間からするりと出てきたのが、それだった。

小学二年生の自分より小さいもので、手足は身体の比率より大きく、長い。頭もやけに大きく、バランスの悪い体型だ。

残念ながら確認できたのはシルエットのみで、詳細は目視できていない。

その理由は途中で祖母に目を隠されたからだ。祖母はそれが出たとき「見るな」と言って、顔の前に手を被せてきたのである。

祖母にあれば何だと訊ねたが、結局有耶無耶にされて終わった。

某氏は漫画で見た河童のキャラクターに体型が似ていると思ったので「ああ、あれは河童なのだ」と思うことにしたという。

このおかしなものを見てから、半年後に祖母は亡くなった。

風邪をこじらせ、あっという間に肺炎になり、そしてそのまま悪化したのである。

対馬を出てからも某氏は、河童と聞くと祖母と自分が見たシルエットを思い出す。

＊

某氏は五島列島に一時期住んでいた。

仕事の都合である。

何かの折に、河童の話を聞いた。伝承含みだったが、それだけで終わらなかった。

河童を見た、声を聞いたなどの体験談も含まれていたのだ。

特に年嵩の人達から話されることが多かったように思う。


五島にいる間、一度だけその某氏も河童らしき何かを目にした。

福江川沿いの農地が広がる辺りだった（と記憶している。福江富江線か）。

雨の降る薄暗い午後、左手側が斜面や木々、右側に川とそれを隔てるガードレールがある地点だった。

対岸のコンクリート護岸に何かが座っていた。

子供だろうか、こんな日に何をしているんだと視線をやると、何か違和感が生じる。

確かに子供のように小さい人の形をしたものだが、黒っぽいだけでディテールはほぼ見えない。目を凝らしてもそれがどのようなものなのか、分からないのだ。

其奴は俗に言う〈うんこ座り〉をしていた。だから人型であることは間違いない。

某氏の車が真横に来る直前、そいつは脱兎の如く後ろにある田んぼへ飛び上がった。

そして再びコンクリート護岸を斜め下方向へ走り抜け、そのまま川に入ると姿が見えなくなった。

途端に雨脚が強くなったことを昨日のことのように覚えている。

某氏は「アレは河童というものではないか、と感じた」と話している。

天草と河童

ここで再び熊本県へ戻る。

天草群には河童の手が残る神社がある。

志岐《しき》八幡宮である。

手は五本指で指先に爪、指の間には水かきらしきものがある。指そのものは短く、親指と小指が若干外側を向いていた。他の河童の手とは一線を画している。

表面は木乃伊のようになっているが、手触りは柔らかい。赤ん坊の手のようだと感じた。

昔、志岐八幡宮近くの川で悪さをしていた河童を、当時の宮司が懲らしめた。両手を刀で斬り落としたのである。その後、河童は謝罪し、片手だけ元に戻した。残る片手を宮司に差し出し〈これを使って頭を撫でると、水難を避ける他に無病息災の効果があります〉と残していったという。

この河童の手で水難除災・無病息災を祈願する「頭なで神事」が今も行われている。


ではこの天草郡には他に河童伝承はないだろうか。

探してみると「栖本河童街道」なるものがあるという。

それは栖本町（油すましどんの墓もある）にあり、全長四キロに渡る。

街道には河童の像が二十七体（二〇二三年時点）設置されているのだ。どれも豊かな表情やポーズをしており、それぞれにドラマを感じさせる。

この栖本町に残った河童伝承はこのようなものだった。

〈大岩に囲まれた淵があった。そこに住む河童はいつも悪さばかりで、村人は困ってしまっていた。話し合いの末、村一番の強力者・高山の伝吉に河童を懲らしめて欲しいと依頼する。

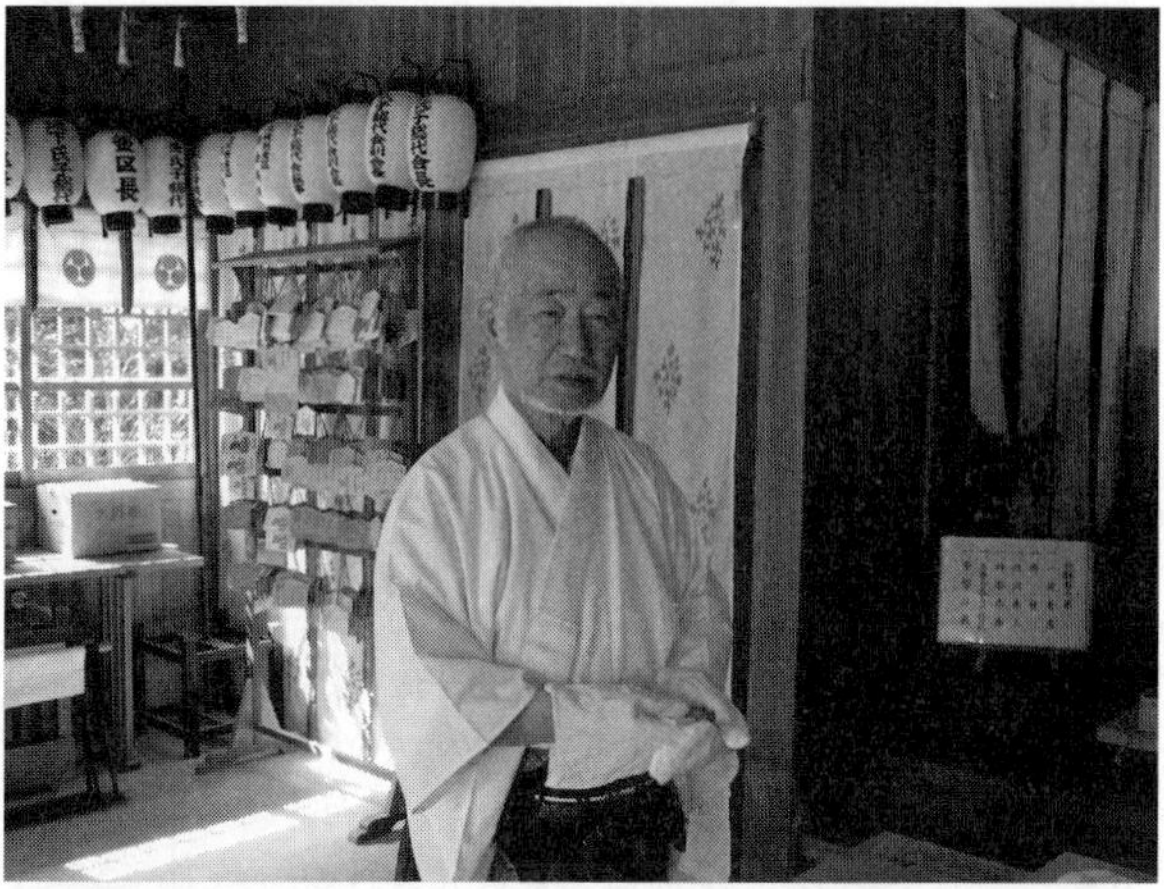

志岐八幡宮の宮崎氏。現在は宮司の職を退かれている。その手には河童の手が（著者撮影）

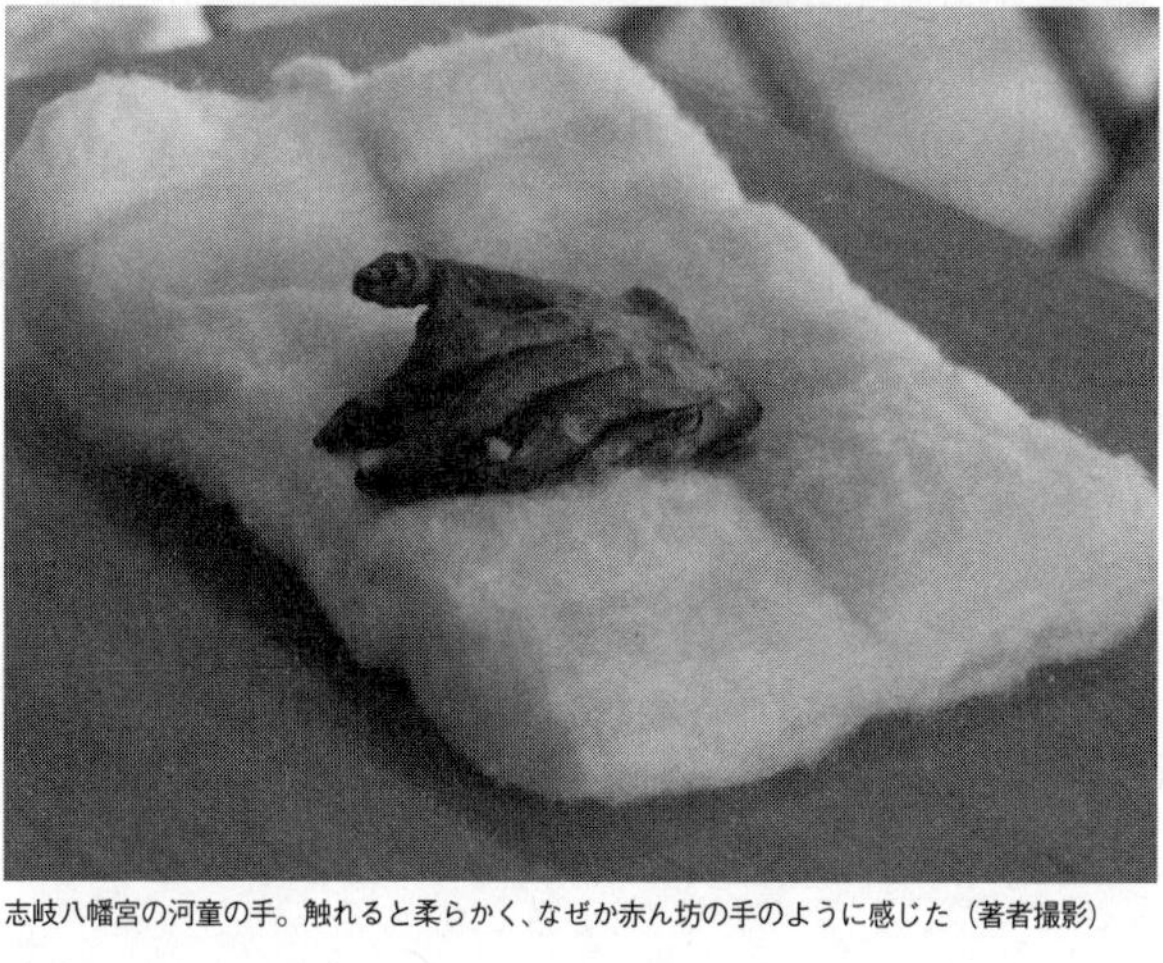

志岐八幡宮の河童の手。触れると柔らかく、なぜか赤ん坊の手のように感じた（著者撮影）

そこで伝吉は河童と相撲を取ってやっつけることにした。だが河童は相撲が強い。そして腕を引けばスポンと抜けて投げを打つこともできない。そこで伝吉は考えた。

「河童よ、相撲の作法に則《のっと》れ。まずは一礼だ」

河童は深々と頭を下げる。当然のようにお皿の水が零れ落ちた。

皿から水がなくなると、河童は神通力を失う。

それ今だと伝吉は河童を投げ飛ばし、二度と悪さをしないと約束させた〉

志岐八幡宮と同じく、悪さをする河童を懲らしめて、というパターンだが、片や刀で斬る、片や相撲で投げる、とそれぞれが違う武道・武術を使っているのが興味深い。

そして栖本河童街道だが、側を流れる川は海側へ流れ込んでくる。

もしかしたら、八代市の九千坊が率いて移動してきた河童達の一部が居残った、或いは八代市から再び泳いで戻ってきた等の想像が浮かぶ。

もちろん、対馬列島、五島列島も然りである。

河童が通った道

これだけではなく、熊本県には河童伝承や目撃譚が数多く残される。

今回は一部のみを紹介した。ご了承頂きたい。


黄海を渡ってきた河童が様々な地域へ移動して広がっていった。

実はこの河童達の通り道、河童ロードに関してはある仮説を立てている。

熊本県以外の地域をも巻き込んだ広範囲に渡るものだ。

いつか纏めたものをお目に掛けたいと思う。

そして、もし熊本県に立ち寄ることがあれば、河童たちにも思いを馳せて頂きたい。そう切に願う次第である。

或る住宅

熊本県内某所の住宅には、座敷童が居着いているという。

正しくは〈この世のものではない何かがいるが、慶事がある少し前に姿を現す存在〉である。話して下さった方が言うには「分かり易い言葉だと、座敷童かな、と」。


喜ばしい事が起こる数日前、それは現れる。

一階奥の和室辺りで佇んでおり、こちらが発見すると霞のように消えてしまうのだ。童と表現しているが、子供ではない。

乳白色の靄のようなもので、幼稚園児程度のサイズ感だ。

手足や衣服は判別できないがどうにも人のような気がする。強いて例えるなら〈朝日の中で空に浮かぶ雲が、何となく人の形をしているような感じ〉とも言う。

ただそれだけの存在である。後は何もしない。

築二〇年ほどの中古住宅で、見た感じ普通の二階建てに過ぎない。

話者の某氏が購入し、住みだしてから座敷童に気付いた。

最初は家族全員恐ろしがったが、一年もすると慣れてしまった。普通なら逃げだしてもよいのだろうが、なぜか皆「悪いものじゃない」と理解してしまったのである。

最近も姿を現し、消えた。直後、息子の婚約が決まった。

相手のお嬢さんは県外の人で、良い人柄である。ご家族と顔合わせをしたが、ご両親の教育の賜だとすぐに理解できた。

きっと息子の結婚は幸せなものになるはずだと、某氏は直感している。

考えてみれば時期が少しずれていたら、世界的疫病のため両家の顔合わせや結婚式、披露宴も難しかっただろう。全てのタイミングが良かったのだ。


某氏から詳細は伏せて欲しいとお願いされたので、熊本県内にある、とだけ記す。

因みに熊本地震の後から二年ほどの間、家族の誰もその姿を目にしていない。

「その頃はウチもいろいろあって大変でしたから。出てこられなかったのでしょう」

そんな風に某氏はいう。

息子さんの婚約の次、式を挙げる前にまた出てくれるんじゃないかな、その次は初孫の時かも知れないと、某氏はこの先の楽しみを教えてくれた。

だから、座敷童が現れたら連絡を頂く予定になっている。

或る女性の物語

或る女性がいる。
彼女に話を伺う機会を得たのは、偶然だった。
元々は知人との会食で同席する程度の間柄だった。
ところが、ほんの僅かな切っ掛けで取材を申し込むことになる。
これから書くのは、彼女から聞くことができた話である。
彼女の仮名は、大久保紗都美としよう。

大久保紗都美さんは、二〇二三年時点で四五歳になる。
現在は独身で、今は猫すら飼っていない。
彼女の出身地は熊本県の益城町《ましきまち》周辺である。
益城町は上益城郡に属しており、阿蘇くまもと空港がある地域だ。
家は俗に言う中流程度の家庭で、普通の生活を送っていた。
大学は県外の大学へ進み、そこで就職先も決まった。熊本県内の会社であった。

高校から大学に掛けて多少の資格を取っていたのも、内定に功を奏したのかも知れない。

就職後は実家に戻り、大学時代から乗っていた軽自動車を通勤の足にした。

だが、職場までの経路が渋滞することと、大学時代の独り暮らしの気安さが恋しくなり、条件の良いアパートを探すことになる。

職場からのアクセスなど各種条件をクリアしたアパートを見つけ、入居した。

五階建てのアパートで、職場までは自転車でも通えるほどの距離にある。

格安でもないが、高くもない。１ＬＤＫ。自分の城として必要十分だった。

住み始めて半年が過ぎた頃、同じ階の一部屋隣に新しく引っ越してきた人がいる。

若い男だった。

背が高くガッチリしている。坊主頭だがまともに刈り揃えられておらず、何処か不自然さが漂っていた。無愛想な顔つきで、こちらの顔を見るとそそくさと部屋へ戻る。

挨拶もなかったので、こちらから何かコンタクトを取る必要はないと距離置いた――のだが、その男の部屋に早朝や夜中の来客があることに気付いてしまった。

仕事の都合で朝早く出社するとき、或いは会社の呑み会から戻って来たときなど、時折その来客の姿を目にしたのだ。

男と似たような男性や、かなり年嵩そうな男性、化粧っ気のない若い女性、頬のこけたショートボブの女性などである。女性達は皆小柄だった。

そもそも、五階は空き部屋が多いせいか、ドアの開け閉めや生活音が耳に届きやすい。自室にいても、男の部屋に出入りがあったことを知りたくなくても知ってしまう。だが、来客があっても男の部屋はいつも静かだった。否。ドアの開閉以外はほぼ無音である。生活している感が殆どなかった。

よくよく考えると、男がいつ仕事に出て、いつ部屋に戻ってきているのかも分からない。素性の分からない男が同じアパートに住んでいることは、少し気持ちが悪かった。


男が住み始めて数ヶ月が経過した。なぜかこの頃、異臭を感じることが増えた。例えるなら、剣道部の部室の臭いか。いや、大学時代に擦れ違った浮浪者の垢じみた臭気の方が近い。

まさか部屋に侵入者があったのではないかと恐れたが、そのような痕跡はなかった。

また、同時期に脹ら脛が攣ること増えた。こむら返りというものだ。朝方、何の前触れもなく始まるので、激痛で飛び起きることが多々あった。対策として水分を摂っても改善しない。病気だろうかと整形外科を受診したが、何も発見されなかった。兎に角寝る前に水分をと言われたが、やはり余り功を奏さないままだ。

が、慣れたのかどうなのか知らないが、臭いを感じなくなってきた時期、なぜかこむら返りは収まっていった。

臭いと体調が落ち着いた頃、大学時代の友人が熊本へ遊びに来るという。車で空港まで迎えに行き、ドライブを楽しんだ後、アパートへ案内した。友人が熊本にいる間はずっと泊まってよいと話していたのだ。

だが、アパートの五階通路に入ったときから友人は口数が少なくなった。部屋に入ると明らかに表情が強ばっている。訳を聞くがなかなか話してくれない。遠慮しなくて良いと強く頼んでから、漸く友人は口を開いた。

「ここ、臭い。異常な臭い。動物園というか、手入れされていない牧場っていうか」

牧場。どんな臭いだろうか。以前感じた剣道部の部室の臭気と違う物のようだが、とても気になる。このフロアに来てから、目眩がして気持ちが悪いという友人が、こんなことを訊いてきた。

「ここ、訳あり物件じゃないよね?」

まさか。そんなことは不動産会社から聞いていない。それに入居前、念のため調べて見たが、少なくとも事件や事故の現場でもなかったはずだ。

どうしてそんなことを言うのか友人に訊ねると、彼女はただそう思っただけで、特に理由はないと顔を顰《しか》めた。一見して体調が悪くなってきていることが見て取れた。

慌てて近くのビジネスホテルを取り、友人をそこへ送り届ける。

結局彼女は、熊本を去るまで紗都美さんのアパートへ寄りつかなかった。


夕刻、友人を空港まで送り届けた後、エレベーターから降りた瞬間に紗都美さんは立ちくらみで倒れそうになった。

耐えていると動物の糞尿のような臭いが鼻を突く。学生時代見学した豚舎の臭気に似ているが、それより酷い。そこに腐った豚肉と汚いトイレを足したような感じだった。

脳から血が下がっていくような感覚の中、部屋に辿り着く。

ドアを開いた瞬間、更に強い汚臭が襲い掛かってきた。鼻が千切れそうなくらい臭い。鼻と口を手で塞いでも防げなかった。酷い目眩に陥り、その場に膝を突いてしまう。

込み上げる吐き気と闘いながら、低い上がり框に座り込む。

やっとの思いで振り返るとドアが少し開いていた。脱ぎ捨てた靴が挟まっているようだった。取り外そうと腕を伸ばしたとき、スッ、と隙間に影が差す。

見上げると、あの坊主頭の男が覗き込んでいた。

坊主の肩越しに化粧気のない女の顔が、見下ろすような角度で見詰めている。

咄嗟に靴を引き抜いた。必死にドアを閉め、施錠する。

男も女も、何処か紗都美さんを値踏みするような、厭らしい目つきだった。助けてやろう、声でも掛けようという様子は微塵もなかった。

もうこのアパートにはいられない、と思ったのはこのときだった。

友人の一件、悪臭、そして異様な態度を見せた坊主頭の男と女。

逃げ出したいと思うには十分な理由だった。

悪臭が消えたのは鍵を閉めてすぐだったことも、不自然極まりない。

臭いについては他にも気になることがある。こむら返りの一件もそうだが、それとは違う。

ここ最近は実家へ戻ると母親たちがこちらの服や身体の匂いを嗅ぎ、生乾き臭どころじゃない悪臭だと顔を顰めることが多かった。また、会社でも先輩から「身だしなみや体臭には気をつけなさい」と指摘されたことが多々ある。自分で嗅いでみても臭くないので、相手が気にしすぎているのだ、大丈夫と思い込んでいた。しかし、考えてみればこれまでの人生、他者からの言葉を無視するなどしたことがない。なぜ自分は大丈夫と思い込んでしまったのか。それもまたおかしな出来事だったと言える。

実は、男たちに覗き込まれた直後から、自分の体臭が異常な臭気を発していることに気付いてしまった。全部の衣服を洗濯し直し、大掃除する。体臭対策を立てたが、まだ悪臭が漂っている気がした。

完全に臭わなくなったのは、引っ越しをした後からだ。新たな部屋は会社より少し遠くなるが、そこは仕方がない。元いたアパートより南側へ移動した三階建てアパートの三階角部屋だった。

臭いを含め、その後は特に問題がなかった、と思う。

引っ越し後、同業他社の社員と付き合うようになった。

お酒が好きなスポーツマンタイプで、好ましい人物だ。

彼氏――拓也は紗都美さんを良く行きつけの店に連れて行っては、酒の味を覚えさせたという。付き合って一年経たずに、紗都美さんの生活に〈呑む〉という文化が入り込んできた。呑まない日がなくなったくらいだ。

この時期、なぜか会社での人間関係の悪化、及び拓也の仲間関係とのトラブル、そして男女関係の問題が連続して噴出している。

起こった問題がきっかけで拓也と別れた直後だった。別の男にストーカーされたことで再び引っ越しを余儀なくされた。

次のアパートは実家近くの六階建てで、四階の部屋だった。

ストーカー問題は間に人が入って、何とか収束していた。が、実家の両親が戻ってこいと煩くなった。仕方なく、実家の近くに部屋を借りることで親たちを納得させたのである。結局渋滞する通勤路に戻ってしまったが、文句を言っている場合ではない。ともかく今は会社の人間関係と、拓也を通じて繋がった友人たちとの関係を修復することが喫緊の課題だった。当然、毎日のストレスになった。


住みはじめて気付いたが、新しいアパートには瑕疵物件の部屋があった。

紗都美さんの部屋ではなく、階上にある角部屋のようだ。

それを知った友人女性から「アンタのアパート、出るって噂があるけんが」と指摘される。その言い方が気に喰わず、喧嘩になったこともあったようだ。

事実、アパートに住んでいる間は紗都美さん本人に何もおかしなことがなかった。瑕疵物件全てに何かある訳ではないでしょう、私は何もなかったんだから、と彼女は一刀両断だ。

その強い口調と言葉に違和感を覚えた。私は、ということは、他の人にはなにかあったのだろうかと、水を向けると、こんな答えが返ってきた。

「あのアパートにいたとき、部屋に来た男は漏れなく変なモノを見るって嘘を言う」

男たち曰く。

閉じたカーテンの下から何かチラチラ丸いものが出てくる。

ベッドから見上げる天井を一瞬何かが横切る。丸いもので、人間の頭大はあった。

紗都美さんがいないとき、玄関の内側に人が佇んでいた。ただし人と言っても生きている人間のような感じではなく、薄ボンヤリした煙の塊のようなものだった。

他色々あったようだが、紗都美さんは男たちの勘違いや冗談だと思っていた。彼女自身は一切目撃していなかったからだ。それにしては、対応・反応がおかしい。紗都美さん本人がそれを自覚していないのもまた、何か考えさせられる。

このアパートは短期間のうちに引き上げている。怪異のせいではない。

紗都美さんではなく、部屋に来ていた男が住民とトラブルを引き起こしたからだった。

以降、紗都美さんは熊本県内のアパートや借家を点々とする。

理由のひとつは、会社での人間関係悪化が極まったことで別の業種へ転職したことだ。

次は隣の住人が起こす騒音トラブル。その後は、階下の男性とのトラブル――など様々なパターンで何度も引っ越しを余儀なくされるのだ。

社会人になってからの十年間に、引っ越しを計七度している。

そして三度目に入ったアパート（六階建て）以降、〈部屋に来る男は怪しい出来事を目の当たりにするが、紗都美さんは全く気付かない〉ことばかり起こった。

この幾度にも及ぶ引っ越しだが、予算はそのときの彼氏が出してくれたり、行きつけの飲み屋のマスターが協力してくれたり、男友達が貸してくれたりした。考えてみたら、全て男性が力を貸してくれている。紗都美さんが頼んだわけではないのだが、なぜか向こうから声を掛けてくるのだ。

その後、三十三歳を目前としたときある男性と結婚が決まった。

男性の仕事の関係で、中部地方へ引っ越す。八度目の引っ越しだった。

友人知人がいない土地だったが、頑張って就職先を見つけた。夫と二馬力で必死に働いている最中、こんなことが起こった。

「ねえ、紗都美ちゃん。夜中、僕を引っ張ったり、起こしたりしてないよね?」

夫が言うには、寝ていると紗都美さんが寝ている方から手が伸びてきて、腕や耳を引っ張ってくる。また、時々柔らかく肩を叩いて来た。何となく起きろという感じらしい。

そんなことをしたことはないと答えると、夫は夢だったのかなと苦笑いだ。

「まあ、もの凄くゴツゴツした手の感触だったし、引っ張り方も乱暴だったから」

だから紗都美さんではないと分かっていたし、夢だと分かっていたと夫が言った。

しかし、彼の腕を引く、身体を叩く手の夢は続いたという。

夢を見始めてから少し経った辺りから、夫は常に疲れた顔を浮かべるようになり、愚痴しか言わなくなった。それが済むと今度は紗都美さん否定を始めるのが常だった。

結局、夫との結婚生活は破綻した。

世界的疫病の五類移行が見えたとき、離婚が成立。二〇二三年の夏前に熊本へ戻ってきた。今は実家ではなく、就職先がある市に居を構えている。安い平屋建ての借家だった。


紗都美さんの引っ越し履歴を聞いてきたが、当然ここに書いただけではない。

興味深い内容もあったのだが、かなりプライバシーやモラル的に問題がありそうなので意図的にカットした。ご了承頂きたい。

ただ、各引っ越し先では、以下のような共通する出来事があったようだ。


〈独りで暮らしているとき、独り言が多かった〉

〈彼氏や夫と暮らしているときも、会話調の独り言をしていたらしい〉

〈出したゴミが荒らされていることが多々あった。最初のアパートの頃からだ〉

〈引っ越す際に身に覚えのないシールを発見する〉

〈そして、引っ越す先々でなぜかあの坊主の男に似ている人がいる〉

身に覚えのないシールとは、変なマークやピクトグラムのような人型、判別不能の文字が入っているもので、白、赤、黒の配色だ（紗都美さんに描いて貰ったが、何となく呪符の真似事のように見えた。また〈温泉の帰り道〉の体験談を思い出してしまった）。

これらは引っ越す際、押し入れ内部の陰になった場所や、冷蔵庫の裏側の壁、トイレの収納内側、サッシのフレーム裏側など、様々なパターンで見つけた。何処か見つけて欲しいという感覚を受けた、と彼女はいう。また、引っ越し直後にはないので、何時貼られたか分からない。

しかしこれを異常なことだと、当時は思わなかった。

そして坊主の男だが、似ているだけで別人だと断言する。

姿格好、同じような雰囲気を纏っているだけであり、顔つきや体格はそれぞれ違っていたからだ。が、あの何処か淀んだような目と独特の空気感はとてもよく似ていた。この似た男は中部地方でも見かけていたようだ。

ふと思いつき、訊ねてみた。

最初の坊主の男は背が高かったはずだ。そして化粧気のない女性は、小柄である、と聞いている。しかし、ドアの隙間から覗き込まれたとき、男の肩口から見下ろすように女性が見ていたのは少しおかしくないだろうか。

そこで初めて紗都美さんも気付いたようだ。一体どうしてなのか、よく分からないと少し表情が硬くなっていた。


大体の話を聞き終えた後、紗都美さんの各引っ越し場所を調べる。

そこにある共通項が浮かび上がってきた。

プライバシーに関わるので、書けるのは二つ。

人死があった、事故があった、或いは事件現場にある程度近いこと（最初のアパートも実はそうだった）。

また、熊本県下で彼女が住んだ地・建物は〈ある条件〉が揃っていること、か。因みに中部地方も一部条件は満たしている。

中でも〈同棲のため借りた借家〉は条件を満たしただけではない。造りがおかしかった。書くとその特徴で何処にあるのか読み取れてしまうため、秘したい。普通に考えるとこのような造りにはしない、とだけ記しておこう。

この借家は現在借り手がいないのか、空き家になっている。

紗都美さんの過去を知る知人曰く「彼女が新卒で就職した後、二つ目のアパートに住みだした辺りから徐々に性格が変わってきている」。

紗都美さん自身も知人から指摘されたらしい。そのことに関し彼女は「仕方ない」となぜか苦笑するだけだった。


今のところ、新しい引っ越し先では坊主の男に似た者も、シールも見つけていない。引っ越す予定も、未だない。

その家へ来た男性は何かを見る。彼女曰く「見た後、全員が碌なことになっていない。それは以前の部屋や家でもそうだったけれど」。

そして足を踏み入れた人たちは男女問わず総じて体調を崩すという——。

あとがき――熊本県と怪異

〈熊本怪談〉は、熊本県内、或いは県外で取材したものを纏めた怪異譚集です。

天草・芦北エリアから阿蘇エリア、熊本エリアから人吉・球磨エリアを横断・縦断しつつ、他の地域もカバーしながらの取材になりました。

ただし全てが本書用に集めた話だけではなく、何年も前からストックしていたものも含みます。いつか世に出せると信じて、とっておいたものです。

こうして皆様にご覧頂けたことは僥倖でした。


熊本県の怪異を集めていて感じたのは、歴史、伝統、文化に根ざしたものの多さでした。コラムでは神話の時代まで記しましたが、如何だったでしょうか?

正直に言いますと、敢えて収録していない話もあります。

構成全体を見回したとき、まずは熊本県下で知られた場所をメインに据えた方がよいだろう、と考えたからです。

入れなかった話たちは別の機会、別の構成案で纏めた方がしっくりくるもの、と言えば伝わりやすいでしょうか。
また、諸事情で〈今は出せない〉話もありました。
それに一部地域で現在も取材継続中のものも多数存在します。
だから、熊本怪異譚集は二冊目も、下手すれば三冊目も書けるかもしれません。
読んでみたいと思って頂けたなら、是非声をお聞かせ頂けると幸いです。

本書を纏めるに辺り、ご協力下さった皆様。関係各位。
そして何よりこの熊本の地と、読んで下さった皆様にお礼を申します。
本当にありがとう御座います。

再び皆様のお目に掛かることを願いながら、次の取材へ向かいます。
精進致します。

熊本の空を望みながら

久田樹生

禁忌

熊本県下に、足を踏み入れた人が死ぬ場所がある。

公式に立ち入り禁止にされた場所でも、禁足地でもない。

ただ、人が入ると死ぬことが分かっている。禁忌の場所だ。

この話を教えて下さった方——仮に岩本氏としよう——は、この場所近くに住む。

氏はこの地に入って死んだ人を、少なくとも二人知っている。

伝聞だとそれ以上だ。中には事故や事件に巻き込まれて命を落とした、とも聞く。

見た目は本当に普通の場所であり、一見して「入ってはならない」と分からない。

特徴もあるにはあるのだが、書いても話してもならないと言われている。幾つか理由もあるが、それもまた伝えてはならないと強く命じられた。だから、文章化すらできない。

この場所は私有地——岩本氏の親族のものだ。

ここには岩本氏の親族、その家の家長のみが入ることを赦《ゆる》されている。それ以外の人間は、例え親族の家族であろうと死ぬ。だから草刈り等の手入れは、その家長の仕事だった。

なぜその親族ではなく岩本氏が近くに住んでいるかと言えば、特に理由はない。

ただ、岩本家は代々ここに住み続けているだけだ。

話を伺ってから数ヶ月後、今年（二〇二三年）の六月だった。

見慣れぬ男二人組がこの場所がある地域を徘徊するようになっていた。岩本氏が気付いてから、少なくとも一週間は経っている。男たちは何かを物色している様子だった。

ある日、禁忌の場所の側で煙草を吸う彼らとの姿を岩本氏は見つけた。土地に踏み込まれる以前に、煙草の投げ捨てで火事になるのが怖くて声を掛ける。が、低い声であしらわれた。熊本の言葉ではなかった。

二人は禁忌の場所へ煙草を投げ捨て、その場所から離れていった。岩本氏は中に入るのが厭で、外から水を撒いた。幸い火事にはならなかったという。

それからその二人の姿は二度と目にしていない。

知らぬうちにあそこへ足を踏み入れており、それが原因で死んだから——そんな理由ではなく、連中は単に来なくなっただけだろうと氏は口にするが、何処か苦々しい顔だった。

他にも似た所が日本に存在するが、この熊本の禁忌の場所との関連は分からない。

そこへ間違えて入らないよう、ただ祈るだけである。

★読者アンケートのお願い

本書のご感想をお寄せください。アンケートをお寄せいただきました方から抽選で10名様に図書カードを差し上げます。
（締切：2023年10月31日まで）

応募フォームはこちら

熊本怪談

2023年10月6日　初版第1刷発行

著者……久田樹生
企画・編集……Studio DARA
カバーデザイン……荻窪裕司（design clopper）

発行人……後藤明信
発行所……株式会社 竹書房
〒102-0075　東京都千代田区三番町８－１　三番町東急ビル６F
email：info@takeshobo.co.jp
http://www.takeshobo.co.jp
印刷所……中央精版印刷株式会社